刘俊伟 刘向 著

抢抓金牛股

金牛股的六大因子

政策鼓励、热点龙头
市场巨大、业绩持增
拉盘凶狠、持续放量

中国经济出版社
CHINA ECONOMIC PUBLISHING HOUSE

·北 京·

图书在版编目（CIP）数据

抢抓金牛股／刘俊伟，刘向著．
北京：中国经济出版社，2016.6
ISBN 978-7-5136-4138-8

Ⅰ.①抢… Ⅱ.①刘… ②刘… Ⅲ.①股票投资—基本知识 Ⅳ.①F830.91

中国版本图书馆 CIP 数据核字（2016）第 113568 号

责任编辑　师少林
责任审读　贺　静
责任印制　巢新强
封面设计　任燕飞

出版发行　中国经济出版社
印 刷 者　北京力信诚印刷有限公司
经 销 者　各地新华书店
开　　本　710mm×1000mm　1/16
印　　张　11.5
字　　数　200 千字
版　　次　2016 年 6 月第 1 版
印　　次　2016 年 6 月第 1 次
定　　价　48.00 元
广告经营许可证　京西工商广字第 8179 号

中国经济出版社 网址 www.economyph.com 社址 北京市西城区百万庄北街 3 号 邮编 100037

本版图书如存在印装质量问题，请与本社发行中心联系调换（联系电话：010-68330607）

前　言

股市是没有硝烟的战场，在这里没有温情可言，庄与庄之间、庄与散户之间的竞争是十分惨烈的。散户要想在残酷的环境中活下来，就必须学会生存的本领，就必须学会赢算，就必须掌握运作资金的技巧，就必须严格遵守止损纪律。

一算政策。散户要想在股市有所收获，就必须关注国家政策，特别是高度重视国家经济政策与货币政策。货币政策宽松，市场货币供给量大，股市上涨的概率就高；反之，股市下跌的概率偏高。

二算大势。散户必须在算清大盘的趋势后再炒股。因为在牛市、熊市、猴市（震荡市），操盘的模式是不一样的。一般来说，牛市捂股，熊市空仓，震荡市作波段。如果散户连大盘走势都搞不清楚，就无法制定操盘策略，更无法赚钱了。

三算上市公司的成长性。成长性包括：企业业绩增长性、企业发展空间、企业团队的经营力等。

四算主力建仓成本价。算准了主力建仓成本价，就等于拽住了庄家的七寸。主力花费几年的功夫来到股市，就是为了赚钱。庄家在建仓成本价之下，一般是不会出货的。因此，散户只要买在主力建仓成本价之下，只要有耐心，不随便动，就一定会赚钱。

五算主力持仓量与控盘度。要想掌握主力的拉升，就必须了解

主力的持仓量与控盘度。一般来说，主力控盘60%左右，就具备了拉盘的条件。

六算主力拉升点与出货段。如果散户能准确地算出庄家的拉升点和出货段，那就能稳赚了。你在庄家的拉升点买入股票，在出货段卖出股票，肯定会赚钱。

七算主力拉盘目标价。主力的每一轮拉升目标都不同，一般来说，牛市中庄家会拉升股价的2~16倍，震荡市中庄家会拉升股价的0.3~3倍。

八算板块的情况。个股的涨幅与它所在板块的情况有关。热点板块比普通板块的涨幅要大得多。热点板块的龙头，在牛市行情中通常能涨10倍以上，而普通板块的股票一般只能涨2~3倍。

九算自己的买点与卖点。以上八算的最终目的，就是确定自己如何买进和卖出股票，只有完成了这两项操作，散户才能赚到钱。散户自己的买点应该是庄家的拉升启暴点，散户自己的卖出点应该是庄家的出货段。

此外，散户必须熟练掌握运作资金的技巧和操盘技能。比如：买卖股票中的挂单、撤单、分批买入、卖出等等。

止损则是股市操作中最重要的一点。散户初到股市，先不要想如何赚钱，先要保证自己不赔钱或少赔钱。要想少赔钱就必须学会止损，而要做到止损，最重要的是严格遵守止损纪律。

本书就上述问题，分别进行了回答。本书共分三大部分，第一大部分是一、二、三章，是对中国A股市场的宏观论述，重点阐明了A股运行的三大规律，即市场货币供给量与A股大盘运行成正比，大盘的涨跌与90%以上的个股成正比关系，庄家主导个股运行；如何准确判断一轮行情的到来与结束；如何准确判断行情的级别。

第二大部分论述了金牛交易法。包括：四、五、六、七、八、九、十章。主要阐述什么是金牛股，金牛交易法的原则与纪律，金牛交易的方法，如何寻找金牛股，怎样买入、持住、卖出金牛股，如何正确认识金牛股的运行轨迹，金牛股实战案例详解。

第三大部分阐述了如何规避股市风险和修炼投资者心态问题。包括：十一、十二章。

本书揭示的核心问题是：怎样寻找金牛股、持住金牛股、卖出金牛股，以获得可观的收益。

要敬畏市场。市场是老师，在市场面前我们永远是学生。本书中所揭示的一些操作原则与方法，散户在学习的时候要灵活地去学习和运用，不可不分时间、条件，尤其是大盘走势教条地运用。要结合自己的实操，辩证地去学习和运用。市场之树是长青的，而具体的操盘原理与方法是灰色的。

要尊重前辈。从格雷厄姆到巴菲特，从索罗斯到凯恩斯，这些投资大师，都有闪光的投资思想和出色的业绩，都值得我们学习。

投资的道路是异常艰险的，只有不畏风险，用心去作的人，才能登上辉煌的顶峰。

散户的朋友刘俊伟、刘向

2016 年春于北京清华科技园

目 录

绪论 散户为什么总赔钱 …… 1

一、散户总赔钱需要从内因和外因两方面加以分析 …… 2

二、散户进股市时往往并不太懂股市知识 …… 3

三、散户对股市缺乏战略性思考 …… 3

四、散户往往进股市的点位偏高 …… 4

五、散户往往喜欢作短线 …… 4

六、散户往往喜欢买多只股 …… 5

七、散户往往喜欢听消息买股 …… 5

八、散户往往止损不果断、不坚决 …… 6

九、散户往往在大盘总体下跌时还在买卖股票 …… 7

十、散户熊市不会空仓 …… 7

十一、散户很难识破庄家的诈术 …… 8

十二、股市存在系统性风险 …… 8

第一章 A 股运行的三大规律 …… 10

一、A 股运行的第一大规律 …… 10

二、A 股运行的第二大规律 …… 13

三、A 股运行的第三大规律 …… 13

四、散户必须按股市规律炒股 …… 14

第二章 如何准确判断一轮牛市行情的到来与结束 …… 16

一、如何准确判断一轮行情的到来 …… 16

二、如何准确判断一轮行情的结束 …… 21

第三章 如何准确判断上涨行情的级别 …… 25

一、反弹行情 …… 25

二、反转行情 …… 26

三、反跃行情 …… 27

第四章 炒好金牛股能给散户带来多少利润 …… 29

一、什么是金牛股 …… 29

二、金牛股能给散户带来多少利润 …… 30

三、金牛股可以改变散户的命运 …… 34

四、树立买金牛股、持金牛股的中长线操盘观 …… 34

第五章 金牛交易原则与纪律 …… 35

一、金牛交易原则 …… 35

二、金牛交易纪律 …… 40

第六章 金牛交易方法 …… 44

一、上涨行情到来时分两次买进金牛股 …… 44

二、大盘在总体震荡上行时持住金牛股 …… 45

三、上涨行情结束时分两次卖完金牛股 …… 46

四、熊市中不要再买任何股票 …… 47
五、熊市中不作反抽和小反弹操作 …… 48

第七章 如何寻找金牛股 …… 50
一、寻找金牛股的六大因子 …… 50
二、怎样识别金牛股的底和顶 …… 59

第八章 怎样买入、持住、卖出金牛股 …… 66
一、怎样买入金牛股 …… 66
二、如何精确计算主力持仓量、控盘度、建仓成本 …… 76
三、怎样持住金牛股 …… 78
四、如何卖出金牛股 …… 81

第九章 如何正确认识金牛股的运行轨迹 …… 86
一、金牛股的建仓 …… 86
二、金牛股的试盘 …… 87
三、金牛股的震仓 …… 89
四、金牛股的拉升 …… 91
五、金牛股的洗盘 …… 97
六、金牛股的出货 …… 103

第十章 金牛股实战案例详解 …… 113
一、驰宏锌锗（600497） …… 113
二、金证股份（600446） …… 120
三、中科金财（002657） …… 126

四、国际医学（000516） …………………………………………… 133
五、南风股份（300004） …………………………………………… 139
六、抚顺特钢（600399） …………………………………………… 146

第十一章　如何规避股市风险 …………………………………… 153
一、规避股市风险的八大要求 …………………………………… 153
二、金牛股的止损止盈技术和限度 ……………………………… 159
三、散户不作左侧交易，只作右侧交易 ………………………… 162
四、熊市一般散户必须空仓，特殊散户可以作空股指 ………… 164

第十二章　炼造良好的心态和意识 ……………………………… 168
一、投资者必备的四种心态 ……………………………………… 168
二、投资者应有的五种意识 ……………………………………… 170

后　记　投资如同登泰山 ………………………………………… 173

绪论　散户为什么总赔钱

每个散户刚入股市时，都想赚大钱、发大财，总想买到上涨的股票，但事实往往却正好相反：他们刚一进股市就被套住，有的还越套越深，深陷股潭而不能自拔。散户要想解套、想赚钱，就必须从零开始，学习股市知识，就必须看准股市的运行大势，就必须精选个股。在一轮行情开始时擒住金牛股，耐心持股，直到行情结束时，将它卖出。股市中，每次交易，都要慎之又慎，既不要随便买进，更不能随意卖出，随心所欲、仅凭侥幸的买卖行为，必然导致赔得血本无归。

笔者入股市多年，在多次短线操作赔钱后，一次偶然事件改变了我的操作模式。2008 年 10 月初，我正在大户室操作股票，一位长期不来股市的高手来到大户室。他对另外一位股友说："技术分析并不一定准确，往往看懂 K 线，就意味着赔钱。作股票最重要的是看懂大势，跟着大势作。一波大行情来时，要选好两只股买进，一只价值股，一只概念股，长期持有，中间不用看 K 线，等到大盘见顶时，把它们卖掉。"他的一番话对我启发很大，为什么我学了这么多年，自以为懂得许多技术，却总是赔钱呢？想来想去，我意识到：我赔钱的主要原因就是总喜欢短线操作，操作频率太高，过于相信技术指标，特别是在熊市中还进行短线操作。

从此，我改变了自己的操作模式，由原来的短线操作改变为中长线操作。在长期的中长线操盘实践中，我总结出了一套盈利模式，即：“顺大势、擒大牛、作大波”，简称“三大”操作法。具体来说就是：大盘大跌后，经过反复调整，大盘一轮新的上涨行情开始，并企稳后，购买一支企稳、政策扶持、成长性好、业绩出现拐点、一般能涨500%以上的金牛股，中长线持股，不作小波段，作大波段，等大盘和该股见大顶时，把它卖掉。按此方法操盘，我获得了丰厚的利润。我曾经炒过山东黄金、包钢稀土，都获得了很好的收益。

想到现在还有众多散户，还在险象环生的股市中挣扎，还没有摆脱赔钱的操作模式，所以，我想把此书献给那些正在迷茫和赔钱中的散户们，恳切地希望他们通过阅读此书，能悟出书中的股理，掌握股市的运行规律，建立一套能盈利的操作模式，赚取更多的利润，实现自己的人生价值。

散户朋友们，如果你想从股市赔钱的泥潭中爬出，奔向财富自由的天堂，请你抢抓金牛股。

一、散户总赔钱需要从内因和外因两方面加以分析

股市中有一句常听到的话：“十个散户九个赔。”为什么股市中大多数散户总是赔钱呢？从哲学的高度来说，任何事情的出现都是其内因和外因所致。散户赔钱也有其内外因。从内因方面说，首先，散户入股市时，往往是先买卖股，后学习，缺乏许多股市知识。不少散户入股市很长时间，连K线都看不懂，更谈不上对股市和股票进行深入细致的分析研究了。

其次，许多散户还没有锤炼出良好的抗震荡、抗风险的心理素质。许多散户喜欢追涨杀跌，见到某只股上涨就追，该股一跌就杀（就卖出），持这种心态的散户最容易赔钱。

从外因方面说，股市存在巨大的系统性风险，庄家常常会使出各种各样的招数，使散户上当受骗、犯错，说穿了庄家就是要赚散户的钱，而散户往往很难发现和掌握庄家的意图和行踪。

二、散户进股市时往往并不太懂股市知识

大多数散户都是在不太懂股市知识的前提下，进入股市的。他们并不清楚，这样做十分危险。散户在不太懂股市知识和操作方式时就买卖股票，赔钱概率极大。

散户在进入股市时，首先要问问自己，到底知道不知道、懂不懂股市。如果不懂，就先不要进去，等真正懂了以后再进也不迟。有一位姓朱的朋友认为股市里赚钱不赚钱，就是点子所致（或运气所致）。因此，他入股市多年，赔了许多钱，到现在还是不懂股市规律，还不清楚股市赚钱赔钱的道理。因此，我真担心像这样的散户，全国现在还有多少，他们什么时候才能真正开始理性地炒股赚钱。

三、散户对股市缺乏战略性思考

炒股如同打仗，首先必须在战略上把握好全局，需要有战略眼光、战略思维、战略布局。但大多数散户，由于缺乏对股市知识和规律的把握，根本不会对股市进行战略思考和布局。只是见涨就买，见跌就卖，结果一年下来，赔钱甚多。其实，搏击股市最重要的就

是对经济形势、货币政策、大盘走向、大盘大底大顶、个股大底大顶的把握。而要把握准这些，就必须学会战略思考。所谓思路对，行动就对，思路错，行动就错，就是这个道理。

四、散户往往进股市的点位偏高

散户进股市的原因很多，但不少散户都是在股市十分热闹时进去的，但这时，大盘和个股的点位已较高，庄家已获利，正准备出货，股市已隐藏着巨大的风险。

2007 年 9 月，当时上证大盘已经涨到 5000 多点时，广东佛山许多民营企业老板看到股票涨了几倍，以为赚大钱的时机到了，于是纷纷拿出巨款炒股，结果到 2007 年 10 月 16 日，大盘到达 6124 点后，出现大跌，一度跌到 1664 点，使他们赔得血本无归、倾家荡产。所以，炒股应该是股市冷清的时候进，热闹的时候出；大盘企稳时进，见大顶时出。

五、散户往往喜欢作短线

股市中进行短线操作，对散户的要求甚高，散户很难达到这么高的水平。因为，任何个股买卖的技术指标，当大盘情况不同时，都会发生变化，执行的结果都不一样。有一位姓李的朋友，入股市已三年多了，自认为已掌握了股票个股的买卖技术指标，但对于大盘的变化规律，以及大盘与个股变化的内在联系，他没有掌握，而只是简单地按技术指标买卖，结果赔了几十万元。他每天都想买到涨停的股票，结果总是事与愿违，总是一次又一次被套，一次又一次追涨杀跌。因此，这位股民在股市中发出这样的感慨：“一切技术指标都是变色龙，短线操作风险太大了。”

其实，我发现，有些散户在2005年5月至2007年10月的大牛市中，由于频繁地进行短线操作，不但没有赚到钱反而赔钱。许多股民在2007年10月至2008年11月的大熊市中操作了几次，就赔得精光。所以，有的散户说：“牛市中短线操作小赔，震荡市中短线操作中赔，熊市中短线操作大赔。”一句话：“短线操作是专业选手干的事，不是散户干的事。”2013年诺贝尔经济学奖获得者尤金·法玛也认为，股票市场价格短期内是很难预测的。

六、散户往往喜欢买多只股

在股市里，散户往往喜欢买多只股票，经常是这只涨了，那只跌了；这只赚了，那只赔了，每天忙得要命，但到年终一算账，还是赔钱。为什么买多只股容易赔钱？其原因是：每只股的庄家，拉盘手法都不一样，散户很难掌握多只股的运行规律和买点、卖点。散户在有限的时间里，要彻底弄清多只股票的基本面、政策面、行业面、技术面，以及大盘的点位、庄家的拉盘手法、资金进出情况等，是做不到的。

七、散户往往喜欢听消息买股

股市中制造消息的人和机构太多，消息来源和传播渠道十分繁杂。这些消息有真、有假，有实、有虚。散户一般很难搞清，也经常上当受骗。

散户由于自身缺乏信息收集和分析的能力，自己又不知道买哪只股好，哪只股票不好，所以，往往爱打听消息，根据消息买股。散户这样做，有时买对了赚钱，有时买错了赔钱。为什么呢？其一，消息的可靠性有限。可能真，也可能假。其二，消息的时效性较强。消息发布的时间与你买股的时间不一样。其三，在股市中，有的机构和个人专门发布假消息，欺骗散户。出货时，他们发布好消息，让散户购买他们的出货筹码；建仓时，他们发布坏消息，让散户在地板价割肉，抛出自己廉价的筹码给他们。

八、散户往往止损不果断、不坚决

大盘见大顶，熊市马上开始，有些散户还在买股，结果股价下跌，自己被套后，止损又不果断、不坚决，损失巨大。我有一位姓刘的朋友，2007 年 8 月 21 日买进了亚泰集团 21000 股，他的买入价是每股 31 元，一度曾涨到 34. 96 元。由于他那两天工作忙没太注意卖股，更主要的原因是别人告诉他该股能涨到 42 元。后该股下跌时又止损不坚决、不果断，最后该股一直跌到 4. 66 元，直到现在他还被套，还在股市中苦苦挣扎。所以有位老股民说：“股市是战场，必须讲纪律，特别是要讲止损的纪律。”每位散户朋友，在买每只股票时，都要设止赢、止损位，都要讲止赢、止损纪律。

有些散户还有一个不好的习惯，即不分牛市、熊市、震荡市，也不分股价的位置高低，自己买股后，只要一被套，就不走了（不卖了），不知道卖出止损，死持、死扛，非等解套再走。结果越套越深，越赔越多，十次赚的钱，一次又全赔回去不说，还把本金赔了一些。为什么会出现上述现象呢？原因在于，这些散户一是不懂股市的屠宰性，不懂股市涨慢跌快，涨短跌长；二是舍不得自己赔的那点钱，总认为股价会涨回来；三是没有经过止损的专业训练，没有止损纪律，有了也不执行。

九、散户往往在大盘总体下跌时还在买卖股票

我们把散户在大盘总体下跌时买卖股票，称为“逆市操作”，这种行为非常危险，往往会把散户的本钱全部赔光。我之所以不主张大家“逆市操作”，是因为：其一，股市有个特点，那就是涨慢跌快，经常是一根大阴线吃掉十根阳线。十天赚的钱，一天全赔完。其二，大盘在总体下跌中，个股的技术指标往往失真，一般讲，大盘在总体上升中，KDJ 金叉时应买入，但大盘下跌，个股庄家出货时，KDJ 金叉时却应该卖出。其三，熊市中有反弹机会，但往往是反弹 2%~10%，却又继续跌 50% 以上，这时操作赔钱的概率太高。2010 年 4 月 16 日，大盘正式开始总体下跌，我的一位朋友却在 2010 年 4 月 21 日买了西山煤电，原想赚点小钱，结果却赔了 1 万多元。股市中有十大禁忌，第一禁忌就是“逆市操作”。

十、散户熊市不会空仓

股市中流传一句话：“会买的是学生，会卖的是老师，会空仓的才是掌门人。”在牛市中谁操作的多，谁就赚得少；在熊市中谁操作的多，谁就赔得多。在股市中掌握买、卖、空的节奏十分重要。我有位姓张的朋友，性格比较急躁，坐在电脑旁就想操作，一天不操作就难受，结果 30 多万元资金，赔掉了 10 多万元。为什么不会空

仓就要赔钱呢？其原因有二：其一，熊市中大盘在总体下跌，个股大部分的庄家都在出货，这时买股必然被套，所以，散户应该坚决空仓。其二，在牛市中上涨一般分五浪，一、三、五浪持股，二、四浪空仓。其三，在猴市（震荡市）中，大盘和个股一般震荡平行运行，应该是低点买，高点卖，不会空仓也赚不到钱。通过上述分析，我们不难得出这样的结论：牛市买一只金牛股，持股待涨；遇到大调整时，卖出空仓；调整结束后再买进该股持有，当个股涨到大顶时卖出。在牛市中，高手可以作高抛低吸，普通散户一般不要空仓，见到大盘大顶时，把股票卖掉；熊市散户必须空仓；震荡市中，要把握好个股与大盘的高位与低位，在一只金牛股上作高抛低吸。

十一、散户很难识破庄家的诈术

在股市中庄家的骗术甚多。比如：尾市拉高出货诈术、涨停诈术、高位盘数放量突破诈术、盘口委托单诈术、盘口异动诈术等。也就说，散户要作短线，想完全识破庄家的诈术是不可能的。最好的方法是作中长线，庄家建仓时，你也跟着建仓；庄家出货时，你也跟着出货；中间则一般不要动。

十二、股市存在系统性风险

中国股市存在系统性风险，熊市时间比牛市时间长，下跌的速度比上涨的速度快，赔钱的概率比赚钱的概率高。所以，散户们在股市中要慎之又慎。

所谓系统性风险，是指由于某种因素市场上的所有证券类投资都会面临损失的可能性。它包括政治风险、经济风险、心理风险、技术风险等。

政治风险。政治风险是指足以影响股价变动的国内外政治活动以及政府的政策、措施、法令等。比如：中美关系有大的调整，就会影响到我国A股的股价变化。

经济风险。经济风险是指影响股价波动的各种经济因素。包括：经济增长情况、经济景气循环、利率和汇率变动、财政收支状况、货币供应量、物价、国际收支等。尤其是货币政策的变化、货币供应量的增加或减少都必然会影响股价的变动。

心理风险。心理风险是指投资者的心理变化对股价变动产生的影响。心理素质差的散户，在股市中赔钱的概率高。

技术风险。技术风险是指股市内部因技术性操作因素引起股价波动而产生的风险。技术风险因素包括投机者的投机性操作、股市的强弱变动趋势、股价循环、信用交易和证券监管部门对股票市场的限制性规定。由于散户的操作不当，必然会给自己带来损失。由于各上市公司自身的情况不同，系统性风险对各只股票的影响也不相同。

总之。散户在股市中赔钱的原因很多，但最根本的原因是散户没有把握股市运行的规律，没有按规律操作。

第一章　A 股运行的三大规律

金牛股会给散户带来巨大的收益，但如何买到金牛股、如何在变化莫测的股市中赚钱，这就需要散户准确地把握 A 股运行的规律。

股市一般分为三大市，即牛市、熊市、猴市（震荡市）。牛市是股市中各公司股票集体上涨，使大盘总体震荡上行，而且持续时间较长的上升市周期。熊市与牛市相反，是股市中各公司股票集体下跌，使大盘总体震荡下行，而且持续时间较长的下跌市周期。猴市（震荡市）是大盘指数在较长时期内处于牛市与熊市交替之中，短期则在一个大箱体中来回震荡的趋势过程。不管牛市、熊市、猴市（震荡市）如何循环与表现，股市运行还是有规律的。

一、A 股运行的第一大规律

1. 股市运行有规律吗?

规律就是事物发展的客观必然性以及事物之间的内在联系。那么，股市运行有规律吗？这是很多股民经常问自己的问题。当然，对这个问题，有不同的回答。有人回答说：有！有人回答说：无！而我认为股市运行是有规律的，只不过股市的规律，一般人很难把握，只有特殊的人才能把握。我认为股市的运行有三大规律，股民必须把握和遵守这三大规律。

2. A 股运行第一大规律的内涵

中央银行货币供给量与股市大盘运行成正比例关系。市场货币供给量增加，股市大盘就会上涨；市场货币供给量减少，股市大盘就会下跌。

3. A 股运行第一大规律的要求

这一规律告诉我们，必须高度关注国家的货币政策。一般说，国家开始实施宽松的货币政策，由于股市货币量的增加，股市就会出现一波上涨行情；而货币政策开始紧缩时，由于股市的货币量减少，上涨行情就会停止，从而转入下跌行情。从这个意义上讲，趋势操作，就是紧跟国家货币政策的操作。研究股票市场首先要研究国家经济政策，特别是货币政策，当货币政策宽松时，市场的货币供应量增加，大盘上涨的概率就高；当货币政策紧缩时，市场的货币供应量减少，大盘下跌的概率就高。股市的牛熊转换是随着国家货币政策的调整而转换的。2005 年 6 月—2007 年 10 月的大牛市，是国家股改政策的结果；2008 年 10 月—2009 年 8 月的小牛市，是国家 4 万亿基本建设资金出笼的结果；2015 年的一波牛市，是沪港通等一系列国家货币、股市政策的结果。

4. A 股市场 9 次牛市启动的原因

表 1－1　A 股市场 9 次牛市启动的原因表

次数	低点至高点时间	低价至高价	最高涨幅	上涨时长	诱　因
1	1990. 12. 19—1992. 05. 26	100～1429	1329%	1 年半	中国 A 股初创，国家鼓励股市发展
2	1992. 11. 17—1993. 02. 16	386. 85～1558. 95	284%	3 个月	贯彻南巡讲话精神，基本建设扩大，货币政策宽松

续表

次数	低点至高点时间	低价至高价	最高涨幅	上涨时长	诱　因
3	1994. 07. 29—1994. 09. 13	325. 89 ~ 1052. 94	215%	1 个多月	中央三大救市政策出台
4	1996. 01. 19—1997. 05. 12	512. 82 ~ 1510. 18	300%	5 个多月	停发新股，券商资金开始宽松，国家货币政策开始宽松
5	1999. 05. 17—1999. 06. 30	1047. 83 ~ 1756. 18	70%	1 个半月	5. 19 人民日报社论称中国股市会有大发展
6	1999. 12. 27—2001. 06. 14	1341. 05 ~ 2245. 43	114. 4%	18 个月	鼓励经济发展，基本建设规模扩大，国家货币政策宽松
7	2005. 06. 06—2007. 10. 16	998. 23 ~ 6124. 04	513%	2 年 4 个月	股权分置改革方案出台并实施，开放式基金大量发行
8	2008. 10. 28—2009. 08. 03	1664. 93 ~ 3478. 01	109%	10 个月	4 万亿基本建设资金出台，货币政策宽松
9	2013. 06. 25—2015. 06	1849. 65 ~ 5176	179. 9%	2 年	沪港通政策出台并实施，货币宽松政策实施

5. A 股市场 8 次牛市终结的原因

表 1－2　A 股市场 8 次牛市终结的原因表

高点时间	最高跌幅	下跌时长	诱　因
1992. 05. 26	－72%	6 个月	监管收紧：整治新股认购证流入黑市
1993. 02. 16	－78%	17 个月	股票供给：新股发行大幅增加
1994. 09. 13	－44%	8 个月	股票（债券）供给：国债和期货市场建立，转移近 90% 的股市资金进入期货和债券市场
1995. 05. 12	－42%	8 个月	监管收紧：为控制投机行为撤销 T＋0 交易机制
1999. 06. 30	－29%	24 个月	监管收紧：监管机构上调印花税从 0. 3% 至 0. 5%
2001. 06. 14	－55%	7 个月	股票供给：国有股减持导致股票供给过多
2007. 10. 16	－72%	13 个月	股票供给：大股东抛售股票兑现超额估值
2009. 08. 03	－83%	46 个月	货币政策紧缩，大部分庄家抛售股票兑现超额估值

二、A 股运行的第二大规律

1. A 股运行第二大规律的内涵

大盘的涨跌与 90% 以上的个股成正比关系。大盘涨，股市中绝大多数个股就涨；大盘跌，它们就跌。从上世纪九十年代初到今天，中国 A 股市场个股与大盘之间的变化，已经证明这一规律的真实性。

2. A 股运行的第二大规律的要求

此规律要求散户，要顺势而为，顺大盘操作，不要逆大势操作。散户在股市中不可随心所欲地买卖股票，要认真研究大盘的涨跌、趋势。然后，再作买、卖的决定。大盘涨就可以买；大盘跌，就不要买。特别是牛市来了，散户一定要大胆买进股票，仓位可以重一些，仓位可以买到八成。

一般来说，大盘中的权重股与大盘的涨跌更加同步，关系更加密切。权重股板块包括金融、地产、有色、煤炭、石油、工程机械等。也有少数权重股板块与大盘不同步，如酒类股票、生物医药类股票。二者往往与大盘并不是十分同步。以上这些特点，散户要牢牢记住。

三、A 股运行的第三大规律

1. A 股运行第三大规律的内涵

即庄家主导个股运行。每只股都有自己的庄家，他们资金雄厚，可以左右这只股的涨跌。他们拉这只股，该股就会涨；他们抛售打压这一只股，该股就会跌。

2. A股运行第三大规律的要求

这一规律决定了散户必须跟庄操作才能获利。因此，散户要搞清庄家建仓、震仓、洗盘、拉升、出货的轨迹，不要被庄家的骗局、骗术套住。庄家建仓时间有长有短，有时一个月，有时3~4年不等，但不管时间长短，庄家一定会拉盘的，不拉盘庄家就无法获利，不获利庄家就不可能出货，也就不可能获利。所以，散户必须清楚庄家来到股市，他的唯一目的就是赚钱，赚不到钱，庄家怎么会走呢？散户看清了庄家这一本性，就不要怕跟庄。关键是散户不能追高，不能买在庄家出货时、出货位。切记：只要散户能买在庄的主力成本价之下，只要不怕震，持得住股，能在高位不贪，能在高位卖掉股票，坚决离开股市，就一定能赚到钱。

总之，以上三个规律告诉我们，在股市中散户要想赚钱，就必须三跟，即跟着国家政策走，跟着大势走，跟着庄走。

四、散户必须按股市规律炒股

真理是对客观事物及其发展规律的正确反映和认识。只有掌握了股市运行规律，才能炒好股，赚到钱。只有先认识和把握股市规律，才能掌握股市真理。如果某散户不按股市三大规律操作，肯定会亏得血本无归。为什么呢？

（1）如你不按照国家政策的要求去炒股，就会赔钱。当政府开始实施紧缩的货币政策时，市场上的货币供给量就会大量减少，市场主力就会从股市中抽走大量的资金，大盘就会大跌，而大盘一跌，个股也会随之下跌。此时，如果你反而大量买股，那么，你买的股下跌的可能性就非常大，赔钱的概率自然就高。

（2）如果你不按大盘趋势操作，就赚不到钱，甚至会赔钱。在大盘总体上升的情况下，市场处于牛市状态，你却不敢大胆买入，就会踏空行情，这实际上就是一次巨大的损失。我有一位朋友，他抓住了中国股市的 7 次牛市机会，资金由 500 元增长到 5 亿元。反之，熊市来到，在大盘总体下跌的趋势中，还在买股，赔钱的概率将是 95% 以上。当然，也有人在逆势操作中，赚了一两笔钱，但这绝对是一个小概率事件。我有一位姓刘的朋友，不懂股市规律，在熊市中反复买入卖出，结果 70 万元资金赔成 8 万元。

（3）如果你不跟庄操作，而是逆庄操作，甚至想战胜庄家，就大错特错了，就必然会大赔。因为股市中谁钱多，谁就会主导股票的涨跌。散户投进去几万、几百万，股价不会有大变动。但如果你有几亿元，你就可以左右某只股，让它涨就涨，让它跌就跌。散户只有跟庄跟得好，才能赚钱。庄家不是傻瓜，他们每一次进股市，不赚钱是不会走的。你的正确选择就是：庄家进了某只股，你就跟着进，最好买在庄家建仓成本价之下；庄家出货走时，你就跟着卖出股票，离开股市，中间不要乱动，不要怕庄震仓洗盘，不要频繁操作股票，可以不作小波段。

第二章　如何准确判断一轮牛市行情的到来与结束

本章重点论述如何准确判断一轮行情的到来和结束。当然，准确判断一轮行情的来和去，是一件十分困难的事情。

一、如何准确判断一轮行情的到来

1. 经济崩盘与大盘的底

经济崩盘是经济危机的一种表现，经济危机时股市容易大跌，此时的股价会一落千丈。大跌一段时间后，大盘会在底部震荡很长时间，股价也会在一个底部区域反复震荡。这时有一个显著的特征：以前股价在一二百元以上的股票，现在已跌至3～4元。这些以前的优质股、价值股，现在却在底部趴着不动，长期横盘，在一个狭长的箱体中震荡。整个股市的成交量极度萎缩，每日上证大盘的交易量甚至不到500亿元。这就是我们所说的——大盘的底。大盘在底部有时会时间很长，有时时间较短。庄家会耐心地等待新一轮经济刺激政策出台。

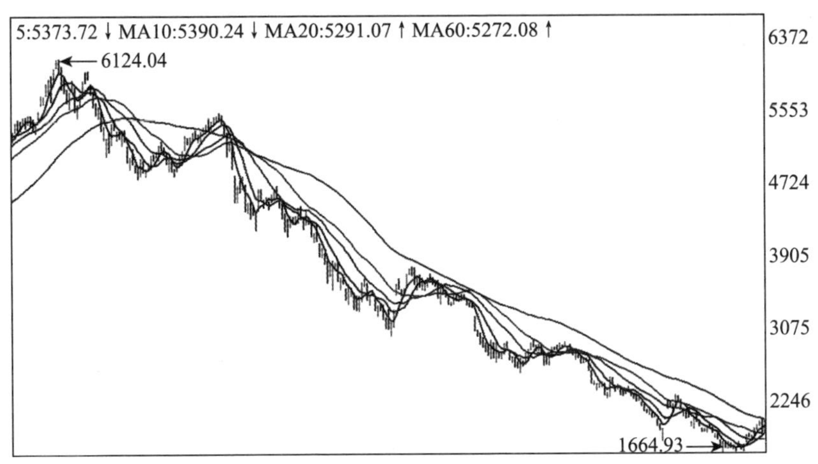

图 2－1　上证大盘大底 K 线图（时间：2007. 10. 17—2008. 10. 28。上证大盘从 6124. 04 点跌到 1664. 93 点）

2. 从国际政治经济形势识别行情的到来

股市上涨的行情与国际政治经济形势密切相关。一般来说，国际政治经济形势趋好，国内政治经济形势也相对较好。因为此时的对外贸易形势往往会较好，这样就会使货币发行量增加，就会使股市活跃起来，形成一轮新的上涨态势。反之，国际政治经济形势不好，也会影响国内政治经济形势，国内经济形势趋恶劣，货币政策会趋紧，货币的发行量就会减少。股市从而就会由牛市转为熊市。

2007—2008 年美国的次贷危机导致国际经济下滑，也直接影响到了中国经济，中国股市从 2007 年 10 月 16 日一直跌到 2008 年的 10 月 28 日，上证大盘指数从 6124 点跌至 1664 点。

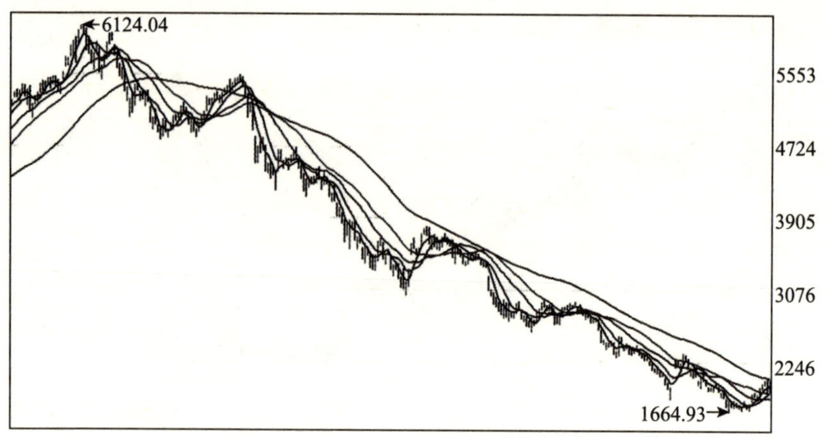

图 2－2 上证大盘下跌 K 线图（时间：2007.10.16—2008.10.28）

3. 从我国的政治经济政策识别行情的来临

A 股市场是政策市，国家的政治经济政策对新一轮行情的到来起着决定性的作用。经济政策决定货币政策，货币的发行量决定股市的涨跌。货币政策宽松，货币发行量就大，进入股市的钱就多，股市上涨的概率就大。反之亦然。从 A 股市场诞生那天起，它的涨跌就与中国政治经济政策有关。2005 年 6 月—2007 年 10 月，A 股上证大盘从 998 点涨到 6124 点；2008 年 10 月中旬—2009 年 8 月 2 日，上证大盘从 1664 点涨到 3468 点。这些均是经济政策刺激的结果。前者是股改政策导致的，后者是 4 万亿基本建设投资政策导致的。

国家新的经济刺激政策出台后 10 天左右，往往新的一轮上涨行情就开始了。

4. 从大盘的 K 线去判断行情的到来

例如，A 股上证大盘长期在底部横盘，突然某一天在银行、地产股的带动下猛涨 150 点，第二天继续大涨 130 点以上。第三天开始调整，调整两三天后，股价没有跌破前期的拉升点。然后，大盘

又继续拉大阳上涨，三、四天之内不仅收复了失地，而且还超过了前期高点。之后的几天，大盘小阴小阳继续上涨，这就标志着一轮新的行情已经到来，此时就是最佳的买入时机。

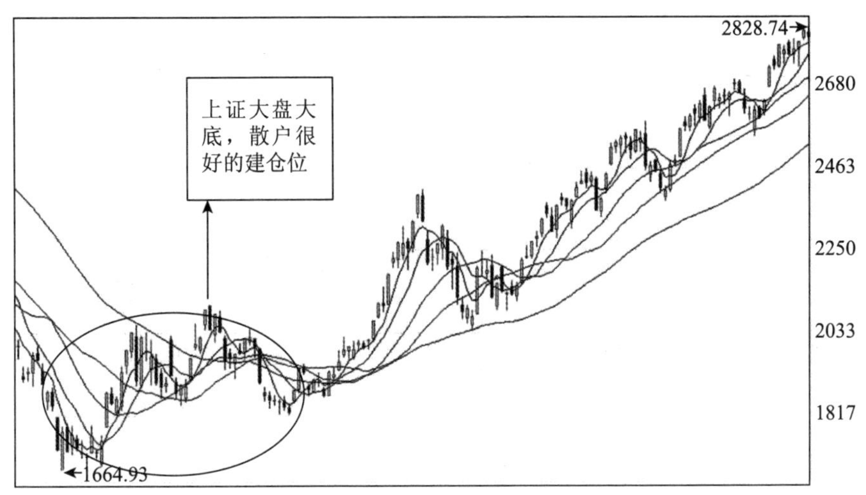

图 2-3　上证大盘筑底 K 线图（时间：2008. 10. 28—2008. 12. 02）

5. 从大盘资金进出量判断行情的到来

大盘新一轮行情的到来与大盘的资金进出量相关。一般来说，上证和深圳大盘，连续两日成交量达到 15000 亿元以上，就意味着新一轮行情的到来。如果大盘在底部时连续几天的成交量都超过 13000 亿元的话，那么，就标志着一轮新的行情已经到来。此时就是最佳买点，散户就应该在此时大胆地重仓买进股票。

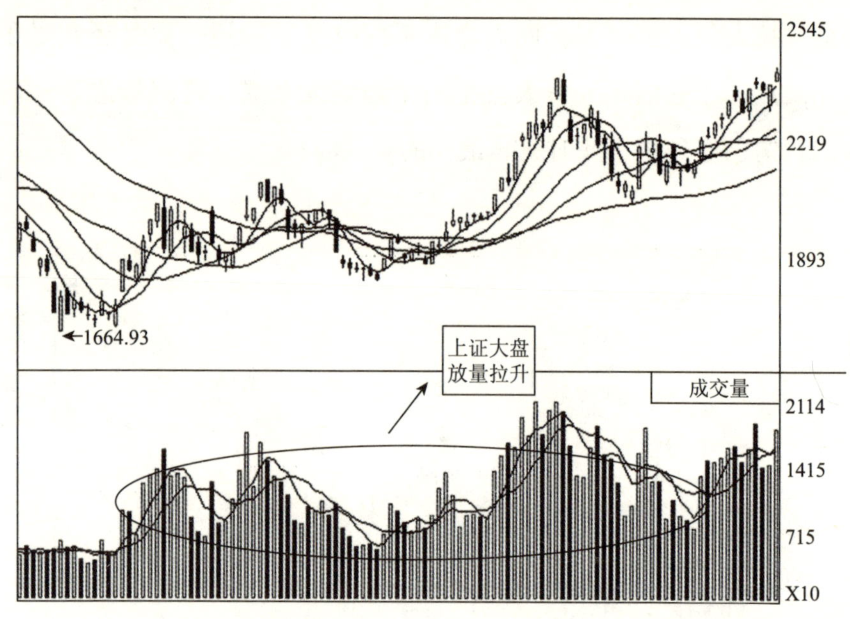

图 2-4　上证大盘放量拉升图（时间：2008. 10. 29—2008. 12. 8）

6. 从庄家的行为去判断行情的到来

庄家的行为是我们判断新一轮行情到来的重要信号。如果大盘与个股都在底部的话，突然庄家连续几天大单买入，那么这可能就是新一轮行情到来的信号。特别是个股在底部长期横盘以后，庄家连续拉中阳或者大阳，这就是新一轮行情的标志之一。特别是某一板块的股票均持续上涨，就更能证明一轮新行情已经到来。

但判断一轮新行情是否到来，要把几个因素综合起来考量，不要只看一个指标，不能片面分析，而要全面综合分析，才能得出正确的结论。

二、如何准确判断一轮行情的结束

准确判断牛市行情的结束，对于一个散户来说是非常重要的。不管牛市行情表现得多么复杂，但它由涨到跌是有规律可循的。

1. 货币政策由宽松向紧缩转变

经济运行具有周期性，货币政策也是随经济形势的变化而面临调整。一般来说，当经济处于低谷时，只要通货膨胀指数不高，中央政府为了拉动经济增长，就会采取宽松的货币政策；当经济发展过热，又出现较高的通货膨胀率时，国家就会采取从紧的货币政策。股市的涨跌与国家货币政策的松紧、货币供应量的多少有关。货币供应量大，股市上涨的概率大；货币供应量小，股市下跌的概率大。所以，当货币政策由宽松转向紧缩时，往往意味着一轮上涨行情的结束。

表 2－1　A 股市场 8 次牛市终结的原因

高点时间	最高跌幅	下跌时长	诱　因
1992. 05. 25	－72%	6 个月	监管收紧：整治新股认购证流入黑市
1993. 01. 25	－78%	17 个月	股票供给：新股发行大幅增加
1994. 09. 13	－44%	8 个月	股票（债券）供给：国债和期货市场建立，转移近 90% 的股市资金进入期货和债券市场
1995. 05. 22	－42%	8 个月	监管收紧：为控制投机行为撤销 T＋0 交易机制
1997. 05. 12	－29%	24 个月	监管收紧：监管机构上调印花税，从 0. 3% 至 0. 5%
2001. 06. 13	－55%	7 个月	股票供给：国有股减持导致股票供给过多
2007. 10. 17	－72%	13 个月	股票供给：大股东抛售股票兑现超额估值
2009. 08. 03	－83%	46 个月	货币政策紧缩，庄家抛售股票兑现超额估值

2. 上证大盘在高位某日单边下跌 400～500 点时

当经济形势过热，货币政策出现紧缩后，上证大盘在高位突然某日放量大跌 400～500 点时，就意味上涨行情可能结束。

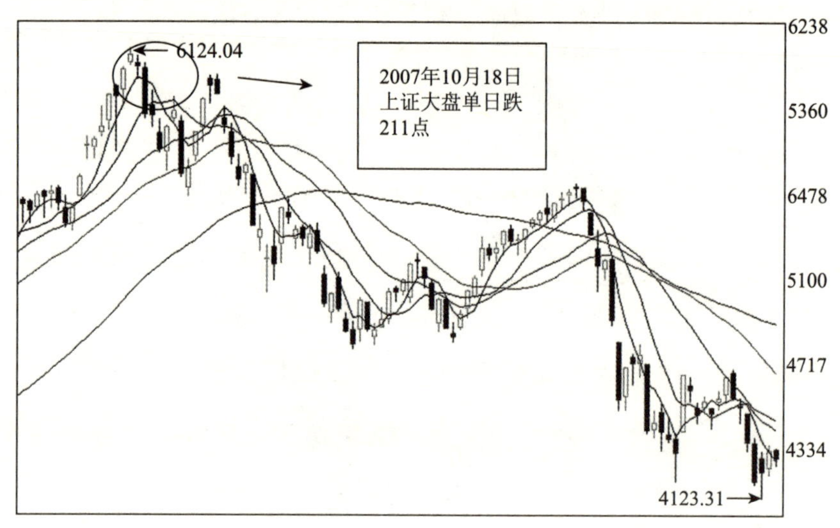

图 2－5　上证大盘大顶 K 线图（2007.10.16 大牛市行情见大顶）

3. 一根大阴线吃掉前面 16 根阳线

上证大盘原本在高位，某日出现一根大阴线，这根阴线吃掉了前面 16 根阳线，这就标志着上涨行情的完结。

4. 某日大盘在高位放量下跌，两市成交量相加超过 16000 亿元

大盘上涨到相对高的位置，全民都在热炒股票，连大街上看自行车的老大娘都在关心股票。这时，大盘某日放量下跌，两市下跌成交量相加，超过 16000 亿元，这就告诉我们一轮上涨行情已经走到尽头。

5. 机构和庄家已开始卖出自己的股票

一段时期内经常有大单卖出，机构和主力在纷纷制造利好消息，并在同时抛出自己手中的股票，特别是银行股大单被连续卖出，这时，就意味危险已经来临，散户应尽快卖掉股票，远离股市。

6. 大阴线之日后，大盘反弹 2~3 天后，又开始持续下跌

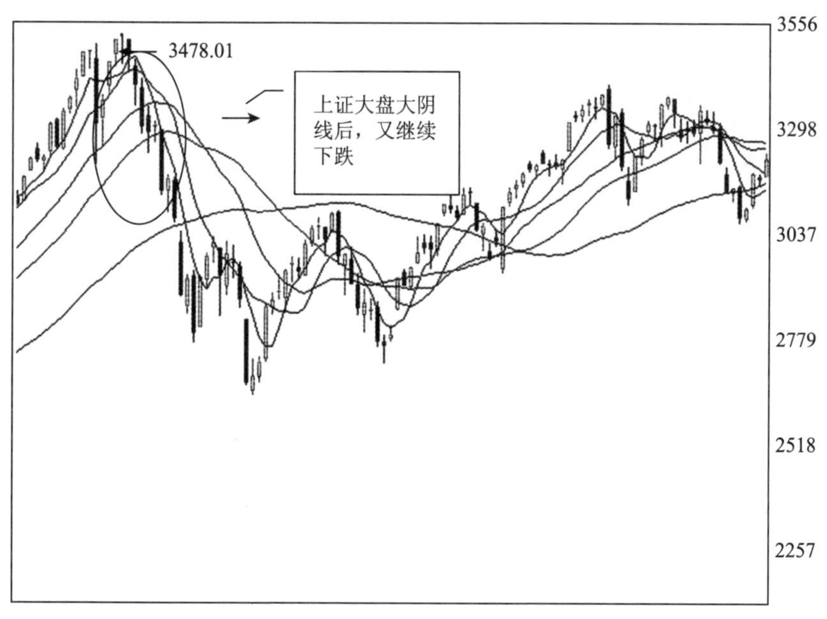

图 2-6 上证大盘大顶 K 线图（时间：2009.08.03）

往往在大阴线之日后，大盘可能反弹 2~3 天，之后，又开始持续下跌，这意味着真正的大跌开始了。这时或在此前，一定要把手中的股票卖掉。否则，必将带来巨大的损失。

7. 上证大盘K线5日均线下穿30均线，KDJ高位开始出现死叉，MACD下穿开始出现第二次死叉

K线5日均线下穿30均线，KDJ高位出现死叉，MACD下穿开始出现第二次死叉，这些信号显示危险已经来临，股民要提高警惕，赶快卖掉股票。而且，在之后的较长时间内，不要买入股票。只有当新的一轮行情到来时，才能买入股票。此时，空仓者就是掌门人，就是高手，就是胜利者，就是对自己的财富有责任心的人。

当然，考察一轮行情的结束，必须综合以上几个指标来分析，不可只看单一指标，否则就会出现错误的判断。

第三章　如何准确判断上涨行情的级别

上涨行情通常分为三类，即反弹行情、反转行情、反跃行情。

一、反弹行情

反弹行情一般上涨的幅度不大，时间不长，不是个股普涨。通常只是热点板块涨，政策利好股涨，其他股不一定涨。在反弹行情中，上证大盘一般上涨10%~30%，个股涨幅不等。领涨热点板块中的龙头股，可上涨100%~300%。一般的股会涨20%左右，有的股还会跌。

判断反弹行情有三个指标：一是没有太大的利好政策出台，只有一些小利好政策出台。二是权重股不是轮番上涨，只是政策利好板块上涨，其他板块并不涨。三是上证、深证大盘上涨的高度不高，一般只涨30%左右。

在反弹行情中，只能炒一把政策利好股，当该股涨到30%~50%时，即应把它卖掉。之后，即使有个别股还在涨，也不要再买股了。这时，风险已经来临，再买股很可能会被套住，而且会被套得很深。切记，切记。

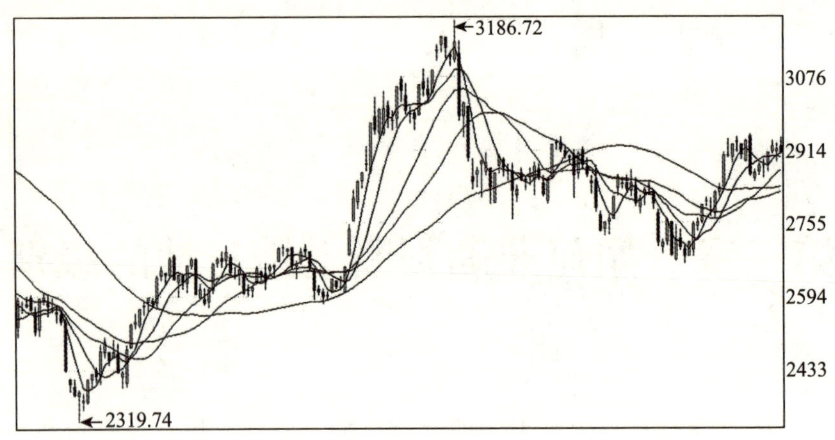

图3－1　上证大盘反弹行情K线图（时间：2010.07.02—2010.11.11）

二、反转行情

反转行情是散户赚钱的好机会，一个人一生中最多遇到5～6次，所以，当它来临时，一定要想方设法把它抓住。如果每次你都能投入5万元以上，而且，买到了金牛股，那么，你的财富将会大大增加，很可能你将成为一个千万富翁。

但如何判断反转行情到来，它的到来有何标志呢？

（1）国家刺激经济的新政策出台。这种政策一定是货币政策的进一步宽松，从而使货币发行量增加，以及刺激基本建设的政策出台，利好券商政策的出台等。

（2）大盘在底部横盘很长一段时间后，由于受到新政策的刺激，持续几天连续拉出中阳线或大阳线，调整两三天后，又继续持续地拉出大阳线和中阳线，大盘的点位不断创新高。

（3）银行、地产股带头持续上涨，向下调整后，又持续拉出中阳线和大阳线。

（4）个股开始活跃起来，有的股上涨得非常迅速，比以前两个月的涨幅都要大。

（5）各板块开始轮动。银行股涨后，有色股接着涨；有色股涨完后，煤炭股接着涨；煤炭股涨完后，其他板块接着涨。

如果股市出现以上5个特征，就可以证明一波反转行情开始了。

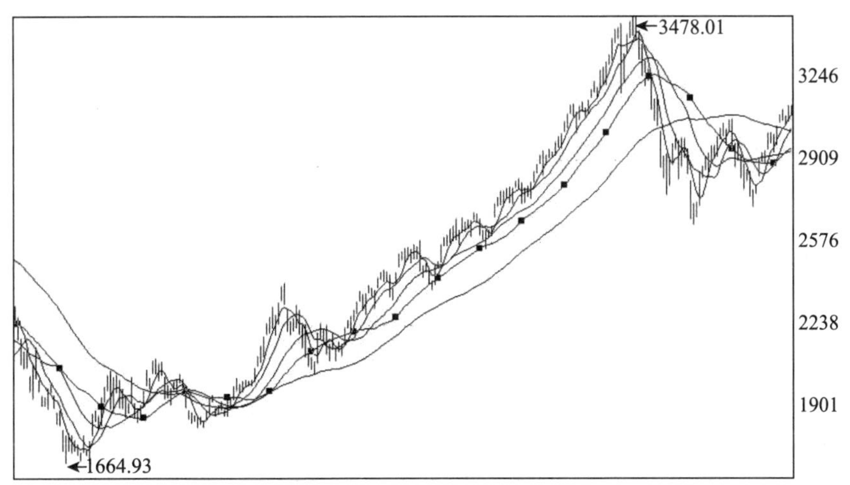

图3－2　上证大盘反转行情K线图（时间：2008.10.28—2009.08.03）

三、反跃行情

反跃行情是指大牛市。此行情有三大特征：

（1）重大刺激经济增长的政策出台。在中国，有重大经济政策出台，往往就是一轮下跌的终点，一轮大牛市的开始。如2005年下半年，由于我国金融领域出台了新的股改政策，造就了2005年6月至2007年10月的大牛市行情，也称反跃行情。

（2）股市大盘上涨幅度大，持续时间长。2005年6月至2007

年10月的大牛市行情，上证综指由998点上涨到6124点，持续时间两年多。

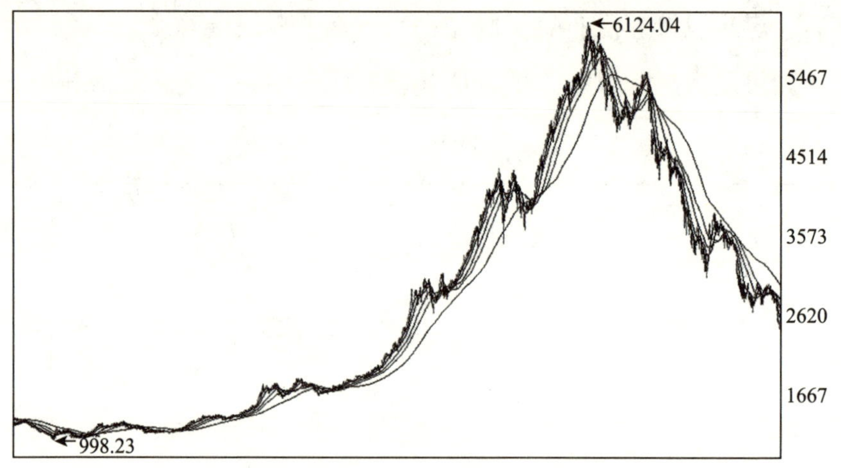

图3-3 上证大盘反跃行情K线图（时间：2005.06.06—2007.10.16）

（3）由龙头板块带头拉动，各大权重板块轮番上涨。往往在反跃行情中，首先是银行、券商板块先涨，然后，各板块轮番上涨。

第四章　炒好金牛股能给散户带来多少利润

什么是金牛股，金牛股能给我们散户带来多少利润，这是本章要探讨的问题。

一、什么是金牛股

1. 金牛股的内涵

金牛股就是该公司的主营业务受到国家政策的扶持和鼓励，业绩出现拐点，能持续增长，未来预期很好，在震荡市行情中可上涨100%~200%，在牛市行情中可上涨500%~1000%的大牛股。投资者一旦买进金牛股，只要持得住股，卖出的点位好，就能赚到大钱。

2. 金牛股的主要特征

(1) 公司的成长性特征

公司的成长性是指公司业绩能够持续稳定地增长。公司业绩优良是公司股票持续上涨的内在动因。金牛股需要散户密切关注的是该公司的业绩是否能长时间地持续增长，也就是要看该公司的主营业务的营业额和利润是否能够保持持续增长。

（2）公司的题材性特征

公司的题材性就是公司应该有可以炒作的因素，它是股价上涨的重要外在因素，俗称“编故事”。股市的实质就是人性的博弈，任何股价的涨跌都是股市中无数买卖者交易的结果。大众心理的变化可以直接导致某只股票上涨临界点的出现。因此，炒作题材，借以吸引大众的眼球十分重要。

（3）流通盘特征

流通盘就是上市公司在股市中实际流通的股份的总和。上市公司一般可分为大盘股、中盘股、小盘股。大盘股通常流通盘是9亿股以上，中盘股流通盘是1.2亿至8亿股，小盘股流通盘是2000万至1.2亿股。一般来说，主力最喜欢4亿以下的中盘股，金牛股极容易从此中产生。

二、金牛股能给散户带来多少利润

1. 山东黄金——当年的金牛股

在2005年6月6日至2008年1月15日的大牛市行情中，山东黄金从8.00元涨到239元。若投资者中长线投资8万元，购买1万股，可获利231万元。见图4－1。

2. 北方稀土——曾经的大牛股

北方稀土这只股，在2008年10月28日至2010年10月28日的小牛市行情中，从5.66元上涨到96.30元。投资6万元，可获利90多万元。见图4－2。

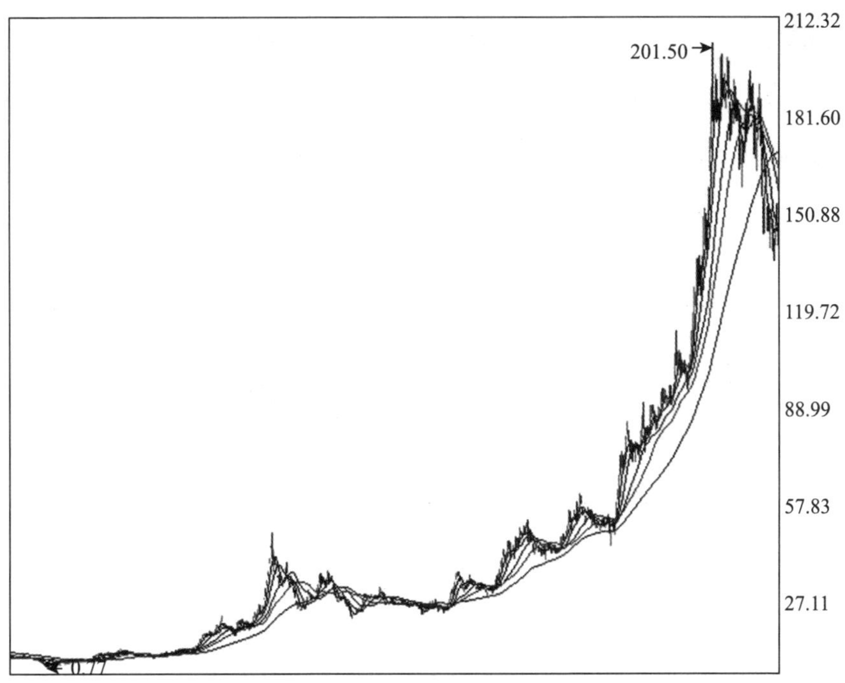

图 4－1　山东黄金 K 线图（时间：2005. 07. 25—2008. 01. 09）

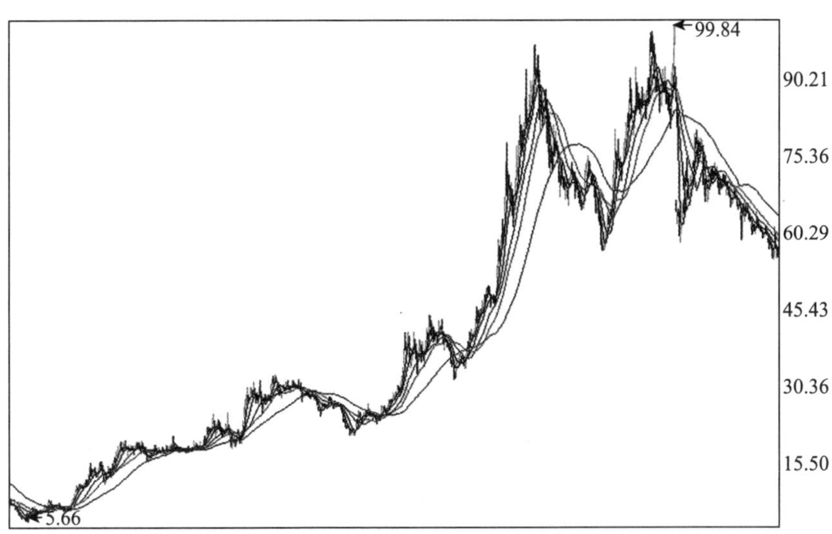

图 4－2　北方稀土 K 线图（时间：2008. 11. 14—2011. 05. 10）

3. 银河投资——一鸣冲天

银河投资自2012年8月2日至2015年6月10日，股价从1.85元涨到29.20元，股价翻15.78倍，是一只名副其实的金牛股。如果投资6万元，买3万股，可赚80多万元。见图4-3。

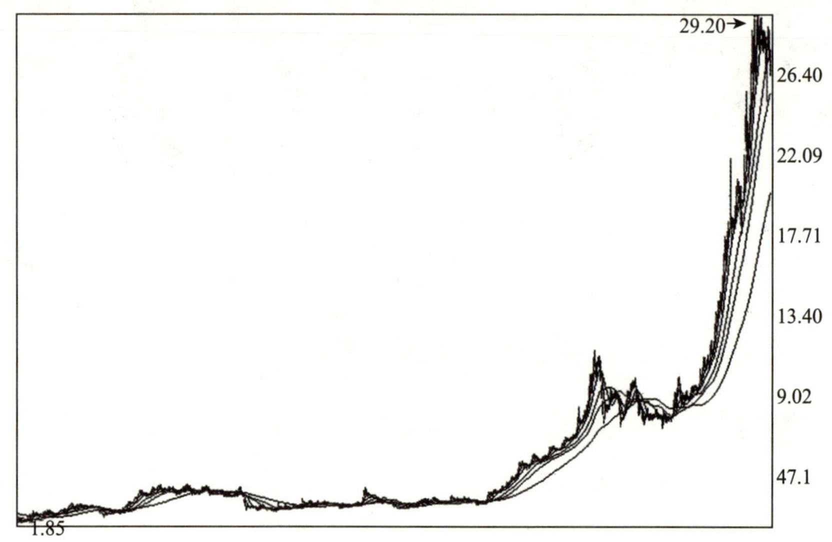

图4-3 银河投资K线图（时间：2012.08.02—2015.06.10）

股价从1.85元涨到29.20元，股价翻15.78倍

4. 四创电子——创新纪录

四创电子自2012年8月7日到2015年3月25日，股价从12.65元涨至73.60元。在21个多月内，股价翻6倍多。见图4-4。

5. 卫宁软件——一枝独秀

卫宁软件在2014年5月19日开始的这波牛市中，截止到2015年4月9日，股价从35.30元涨到206.80元。在10个多月内，股价翻6倍。见图4-5。

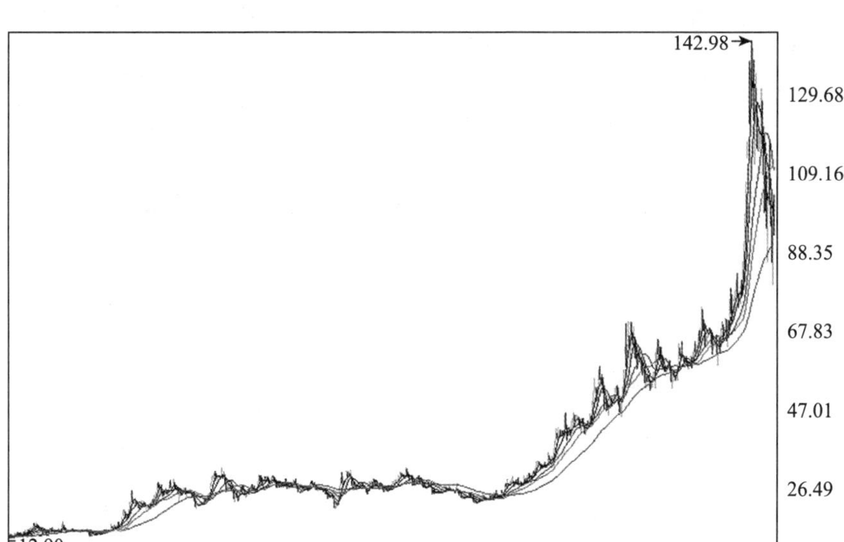

图 4-4　四创电子 K 线图（时间：2012. 07. 17—2015. 06. 01）

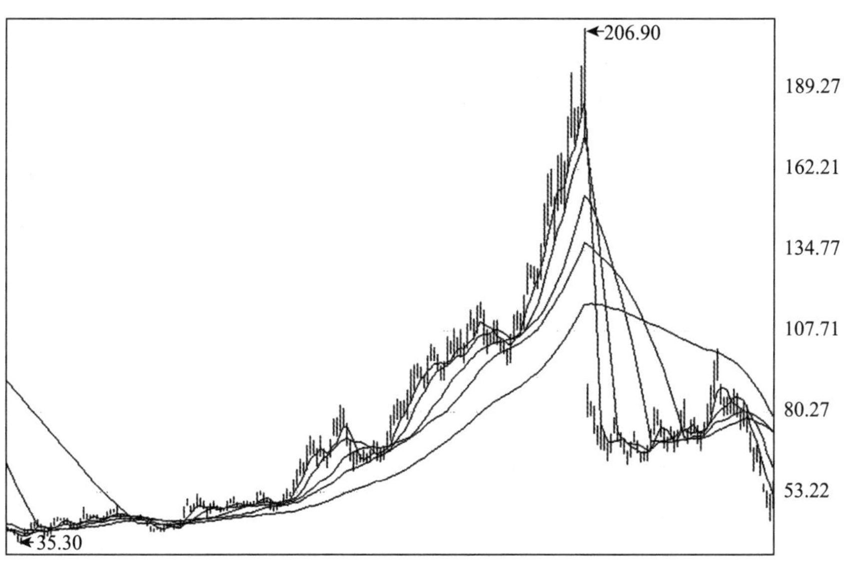

图 4-5　卫宁软件 K 线图（时间：2014. 05. 19—2015. 04. 09）

三、金牛股可以改变散户的命运

如果我们拿出10万元，坚持中长期投资，每年都能购买到一只金牛股，收益在100%以上，那么，5年内我们收益将是310万元。10年内，我们的收益将是1.0230亿元。这是多么惊人的收益啊！关键是我们能不能坚持中长线投资，能不能买到金牛股，能不能持住金牛股，最后卖好金牛股。

四、树立买金牛股、持金牛股的中长线操盘观

有一名言：思路决定出路。股市中投资思路最为重要，思路错误，肯定赔钱。股市中操盘的方法甚多，但哪一种方法可以使你赚钱，这是你一定要下功夫寻找的。

股市中有三种高手：三流高手是短线操作，持续能获得利润者；二流高手是波段操作，也能持续获利者；一流高手是能中长线持住一只金牛股，长期获得稳定的利润者。

如果我们看好中国经济的发展前景，那么，就应该在A股上证大盘的一个相对低位，当一轮行情启动时，大胆地购买入一只金牛股，中长期持有，绝不换股，不计较该股中间的起伏波动，一直到这轮行情结束时，才把它卖掉。这才是你正确的操盘方法，只有这样你才能获得更多利润，到达财富自由王国。

第五章　金牛交易原则与纪律

把握股市运行的规律，是每个散户在股市中赚钱的基础，但有了良好的基础，并不等于就能赚到钱了。要赚到钱，散户还要掌握金牛交易原则和遵守金牛交易纪律。

一、金牛交易原则

1. 顺大势，赚大钱

（1）大盘运行的趋势就是大势

顺大盘趋势操作是股市中的第一条铁律，谁遵循了它谁就赚钱，谁不遵循它谁就赔钱。

所谓大盘的运行趋势就是 A 股上证大盘的运行趋势，它震荡上行就是趋势向上，它总体震荡下行就是趋势向下。我们必须花 70% 的精力研究大盘，花 30% 的精力研究个股。因为，大盘总体上涨，85% 以上的个股也随之上涨；大盘总体下跌，85% 以上的个股也随之下跌。因此，谁把握住了大盘的运行轨迹和脉动，谁就会成为股市中的赢家；反之，就是输家。

绝不可逆势操作，当大盘总体下跌时，盈利只在 5% 左右。你为获 5% 的利益，有可能会损失 50% 以上的本金。当大盘总体上涨时，

你买进股票后，只要不随便动，盈利在 90% 以上，赔率在 10% 左右。所以我们作股票，顺大势，才能赚大钱。

（2）大盘见底企稳后买入金牛股

一波下跌，从开始到结束，时间很难判断，2007 年 10 月 15 日开始的一轮大熊市，直到 2008 年 10 月 28 日才结束，持续时间达一年多。不管时间多长，大盘见底企稳的信号总会有的，只有见到大盘企稳的信号后，才能买股票。

如何判断大盘企稳，大盘企稳有哪些特征？

特征一：国家出台重大利好经济政策、金融政策。

特征二：上证大盘 K 线出现双针探底图形，或连续放出上涨 220 点以上的大阳线。

特征三：上证和深证两市大盘当日成交总量超过 16000 亿元，之后又连续放量上涨。

特征四：银行、券商板块集体带头上涨 5% 以上。

特征五：领涨板块集体领涨，并开始轮动上涨。

特征六：上证大盘单日上涨后，回调不跌过前期低点，又放出超过 80 点以上的大阳线。

（3）大盘总体震荡上行持金牛股

一轮行情来临后，我们要迅速买入金牛股，然后坚定持有到这轮行情结束。一般来说，一轮行情的上涨，有时候是 3 浪，有时候是 5 浪，有时候是多浪，不管它多少浪，我们都应坚决地持住自己手中的股，中间不作波段，不卖股。为什么不作波段？是因为每只股的庄，拉盘的手法都不一样，回调的点位也不相同。我们很难掌握庄的脉动，很难准确地把握住股价的高点和低点。我们通常作波段的目的是摊薄成本，赚取更多的利润，但往往事与愿违，我们不但没有摊薄成本，反而把成本越摊越高。请记住股市中的一句名言：短线是难以判断和操作的。曾经有人问巴菲特："你为什么不作波段?"巴菲特回答道："我不能像蜜蜂那样今天采这朵花，明天采那朵花。"这个话虽然没有明确地回答自己为何不作波段，但也告诉我们一个非常重要的原则：在大趋势上涨时，是不能随便卖掉股票的。如果我们不遵循这一原则，在一轮上涨行情中，我们就会踏空。当卖掉自己手中的股票时，就再也买不回来了。

（4）大盘运行见顶后卖金牛股

当一轮行情达到疯狂时，大街上的男女老少都在议论股票，甚至连证券公司旁看自行车的老太太也要买股票时，大盘的顶就要来临了。当大盘出现见顶的信号时，小资金的股民可以一次性把股票卖完，谁劝你买股票也一定不要再买。大资金的股民要分批分批地把股票卖完。即使这只股再涨也不要再买，因为，雪崩式的下跌就要来临，巨大的风险就要来到，如果你再买进去，很可能要把你赚到的利润和本金一块赔完。此时的唯一选择就是：卖掉手中的金牛股，远离股市，去享受其他的生活。

（5）大盘震荡下行时始终空仓

当一轮行情结束，大盘总体向下时，我们唯一的选择就是两个字——空仓。此时，任何犹豫的情绪和留恋股市的思想都是多余的。如果我们不出来，还在股市中，就等于我们钻进了绞肉机，它会把我们绞得遍体鳞伤，甚至断胳膊断腿。

一般散户请记住一句忠告：熊市远离股市。

2. 先长线，后短线

选择一只股票，首先，必须考虑它的长线价值，如果它没有长线价值，只能涨20%左右，宁可不买它。因为，20%的上涨空间太小，很难把握它的买点和卖点，搞不好，很可能被深套。一只股票的长线价值主要表现在三个方面：其一，大盘的位置。大盘在相当低的点位，一轮行情刚开始，一般说，个股上涨的幅度会大些。其二，个股的位置。个股在相当低的点位，而且，长时间横盘，主力已经收到足够多的筹码（一般收到60%左右的筹码）并控盘，这时，一旦大盘发动上涨行情，个股所在行业又有重大利好，该股上涨的幅度就会很大。其三，个股的成长性好。个股的业绩持续增长，主营业务利润年增长率在50%以上，就会受到强庄的眷顾，上涨幅度当然会大，有时也会逆市上涨。如股票欧菲光，由于手机、电脑触屏业务的高度发展，2012 年 1 月 9 日至 2013 年 4 月 11 日期间上涨幅度超过500%，股价由 13 元涨到 81 元。

先长后短，是股市中一个重要的操作原则。

3. 作熟不作生

要想作哪只股票，必须长期观察，掌握其基本面的情况，把握其庄家的动向、拉盘手法、建仓、试盘、拉升、出货等情况。股市中要坚决杜绝随意操作行为，不能思考 5 分钟就买一只股票。那样做对人对已均不负责，损失的只能是自己的钱。如果长期这样做，可能会倾家荡产。

4. 作价值股，不作问题股

价值投资是股神巴菲特历来倡导的，也是我们应该遵循的投资原则。从长期来看，买股票实质上是买企业，股票价格的波动只不过是企业盈利状况的表现，企业经营状况良好，企业管理者管理有方，企业运营非常有序，企业生产的产品前景非常看好，那么，它的股价就会持续上涨（少数个股例外）。中国的 A 股虽然与美国的

股市有区别，它受政策的影响较大，但它仍要遵循价值投资原则。只有投好企业，我们才能赚到更多的钱。

我们绝不能买问题成堆企业的股票，如果某人不听忠告，总想去买 ST 股，那么他的本金将有可能变为零。因为问题成堆的企业有退市的风险。如果你所购买的股票所代表的企业一旦退市，那你就真正成为了最大的输家。

5. 作成长性好的股，不作巨亏股

买股票就是要买成长性好的企业，就是要买有未来发展前途的企业，如互联网云计算公司、生物工程企业、高端制造业，均有良好的发展前景，应该是我们关注的企业。如深天马 A，该企业的产品是液晶显示屏及液晶显示模块，由于手机和其触屏产品市场需求量的增加。它的股价由 2012 年 1 月 4 日的 5. 57 元，一直向上拉升到 2014 年 8 月 28 日的 32. 67 元，股价翻了接近 6 倍。

6. 作低价股，不作高价股

为什么炒股要作低价股而不作高价股呢？原因有三：其一，作高价股比作低价股风险大，高价股一旦回调，回调的幅度往往比低价股大得多。其二，在一定的货币数量下，购买低价股的股数比购买高价股的股数要多。其三，股价低，流通盘小，庄往往在拉这些股票时不容易被人家关注，可以较容易地把该股股价拉升起来。

7. 作龙头股，不作跟风股

龙头股是指该行业业绩较好前景无限的企业。它在一轮上涨行情中，上涨的幅度要比跟风股高一倍以上。它往往涨得早跌得晚，拉升速度快，调整速度慢。所以，买龙头股比买跟风股能获得更多的利润。在 2010 年 3 月 18 日至 2010 年 10 月 18 日的一波上涨行情中，稀土板块的龙头股广晟有色股价从 17 元上涨到 103 元，而跟风股天通股份股价只从 7.20 元涨到了 17 元。

二、金牛交易纪律

国有国法，家有家规。炒股必须遵守纪律，不遵守纪律，随意操作，必然赔钱。金牛交易也有其自己的纪律，不遵守也必然赔钱。

1. 熊市必须空仓

股市中有一句名言：第一是保住本金，第二还是保住本金，第三遵守前两条。

熊市空仓不猜底，这是保住本金的重要纪律，违背了就必然损失惨重。熊市中买进股票，风险太大。因为熊市中 98% 以上的股票都在下跌，这时买进一般会被套住。所以，有人说：熊市中能赚到钱的人是高手。我却要说，熊市中操作的人是傻子。有位老股民说得好："熊市是绞肉机。"

2. 牛市买进八成仓位

牛市中股价是震荡上行，90% 以上的股票或早或迟都会震荡上涨。这时我们要敢于大资金重仓买入。当我们用账面上 80% 的资金买到一支金牛股后，就应该捂住不动。为什么只用 80% 的资金买入股票呢？是因为，可以拿另外 20% 的资金做预备队，既可用这部分资金作 T+0，也可以用它摊低成本。同时，不要去猜牛市哪个点位是顶，因为所谓的顶是走出来以后才知道，之前是难以判断的。如果我们去判断某一个点位是顶，而在这一点位把所持股票卖掉，很可能之后上涨的利润就难以获得。2006—2007 年的大牛市中，作丢

股票的人比比皆是。他们在一个相对低位作丢了自己开始作的股票，之后又看到股票继续大幅度上涨，不得不在高位又买了其他股票。当大盘调整后，又被深深套住，结果在那波大牛市中，不但没赚钱反而赔了钱。

切记：正确的操作方法是，当一波牛市行情开始时，买进一只或两只金牛股，坚定地持有，中间不被小的调整所左右，直到这波行情结束时，把股票分两次卖完。之后，把股市里的钱转到银行账户上，在之后的一个月时间里，出去旅游，享受生活，其间就不要再看大盘、再买股票了。

3. 股价拉升时绝不作小短线波段操作

股价拉升时，散户为什么不要作小波段操作呢？这是因为，股价拉升时，股价上涨很快，如果做高抛低吸的小波段，卖股之后，很难再把该股买回来，这就有可能把该股作丢。

股市中最难作的是短线，而作波段往往是在作短线，这是很困难的，只有专业人员才能胜任。一般散户既判断不了股价某一阶段的高点，也判断不了股价某一阶段的低点。所以，作高抛低吸往往就作成了追涨杀跌。

股民每一次买进和卖出股票，都要付出一定的费用，往往你想通过作波段来降低成本，却变成了把成本越作越高。因此，在股价拉升阶段，不要作所谓的“高抛低吸”的波段。

4. 大盘总体下跌时，应坚决空仓，绝不作反抽操作

在大盘总体下跌时，要空仓，而不能作反抽操作，为什么呢？其原因在于，反抽，顾名思义就是反向上涨的幅度不大，一般在10%左右。如果我们为了获得10%的利润而损失80%的本金的话，

这是一种很愚蠢的行为。这违背了股市操作必须保住本金的第一原则。

一般的散户在作反抽操作时，他的买点都不可能那么准确。第一天买进后，又不可能当天卖出，等第二天一开盘，股价已经下跌了很多，已被继续下跌的股价套住，如果此时稍有犹豫，还不能及时地把自己的股票卖掉，就会越套越深，之后几天如还不卖掉，就会被庄家所左右，直到身陷险境，任人宰割。

切记：不要因贪小便宜而导致倾家荡产。

5. 该股没有上涨30%的可能不买进

买股的最好时机是一轮行情开始的时候，此时买股为最佳时机，此时买上涨幅度在30%以上的股票是很容易的。只有买上涨幅度在30%以上的股票才安全，才能获得一定的利润。否则，就不安全，就不能获得相对多的利润。股票的上涨是震荡上行，这中间就像大海的波涛一样有上有下，有波峰也有波谷，如果上涨幅度不到30%就很难赚到钱，特别是大资金的操作者更应遵守这一原则。

6. 大盘方向不明时不操作

大盘的运行决定个股的运行。作股票就是要看趋势，大盘的趋势向上就可以作，大盘的趋势向下就不能作。当我们对大盘的趋势与方向不明时，就不应该操作股票。因为此时的操作，就是对自己的资金极不负责任，此时操作很可能就要赔钱。

熊市中的反弹中往往最难辨别大盘的方向，此时，一般不要操作股票。

熊市中的反弹与一轮行情的开始企稳也较难区别，在分不清时，也不要操作股票。

其实，我们每一次操作股票都要像打仗一样认真，把各方面的情况都分析清了再操作，不可盲目行动。毛泽东说：“不打无把握之仗。”我要说：“不炒无把握之股。”股市里不能做糊涂人，否则就可能倾家荡产。

第六章　金牛交易方法

金牛交易方法是一种特有的交易方法，它是根据大盘的趋势而定的操作法。该方法对上市公司的成长性看得很重，成长性不好的上市公司不可能成为金牛股。

一、上涨行情到来时分两次买进金牛股

一波上涨行情开始时，我们要果断地买进金牛股。一般来说，应该分两次买进，第一次是在启动时买一半，第二次是在回调结束后买进另一半，两次买进的资金总量为你账户里的80%的资金。为何要分两次买进呢？一是为了防止个股与大盘调整得过深，二是为了防止我们判断失误而造成损失。大盘在刚启动时，往往震荡比较大，有时很难看清是反弹，还是新一轮行情的开始，所以分两次买进比较稳妥，真正能做到进可攻，退可守。如图6－1。

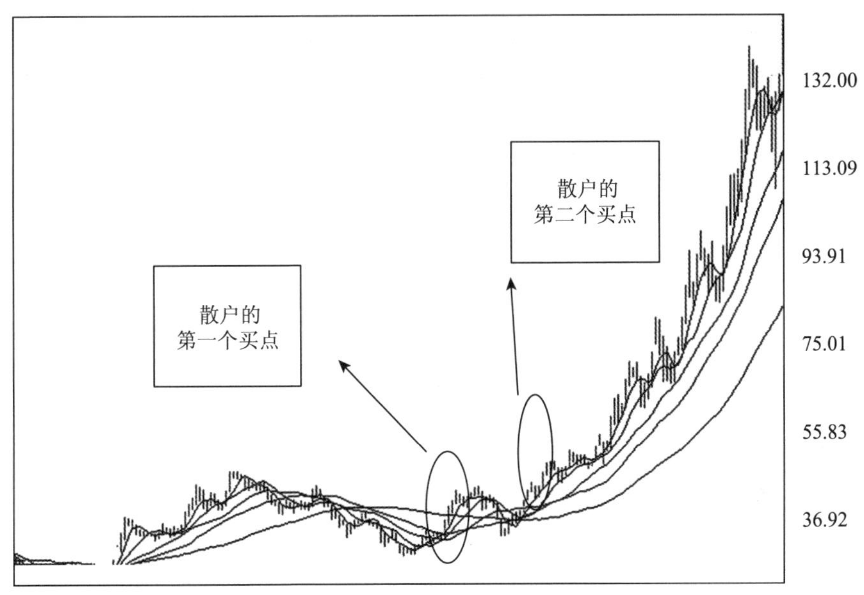

图 6-1　福瑞股份分两次买入图（时间：2015. 01. 16—2015. 02. 22）

散户要把握好以上两个买点，不要错过大好的机会。这样的买点数年之内也没有几次，要珍惜机会。

二、大盘在总体震荡上行时持住金牛股

大盘在总体上涨时，不要理会震荡的大小，也不要在乎股价忽高忽低，要坚决地持住股，决不能把筹码作丢。要做到三敢：一是敢于重仓买进。二是敢于重仓持股。三是敢于长期捂股。一定不要随便作高抛低吸，也不要被庄震走。

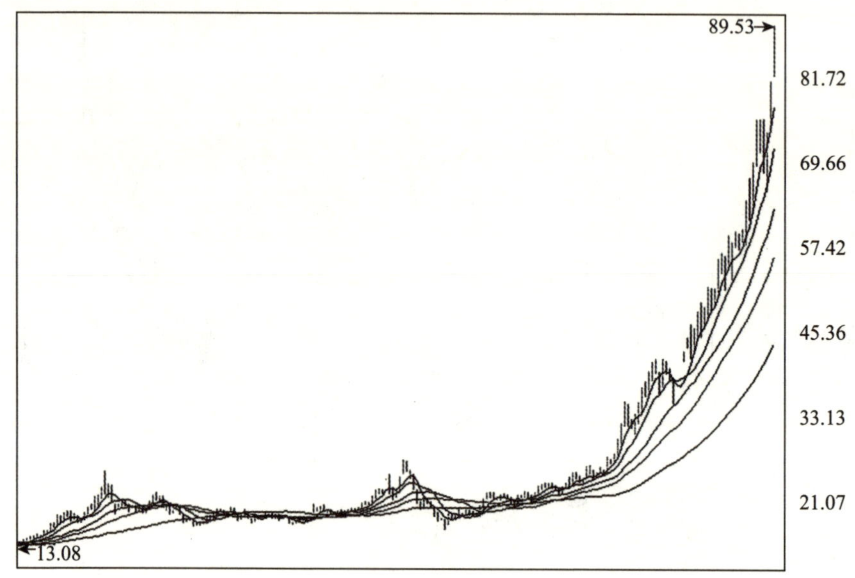

图 6－2　博晖创新牛市持股图（时间：2014. 01. 15—2015. 06. 02）

如图 6－2，散户如果在 13. 08 元附近买入博晖创新股票，一定要坚定持股，一定要持到 89 元左右再卖出，中间不要作波段操作。

三、上涨行情结束时分两次卖完金牛股

当一轮上涨的行情结束时，要分两次把金牛股卖完。第一次卖 60% 的筹码，第二次卖 40% 的筹码。当我们已明确大盘行情结束时，要实施第一次卖出。当几根大阴线以后，大盘出现反弹，当反弹到一定高度时，再实施第二次卖出。如图 6－3。卖完后，第二天把股市上的资金转到银行账户里，休整一段时间，在这段时间里不要再看大盘了，更不能再买进。

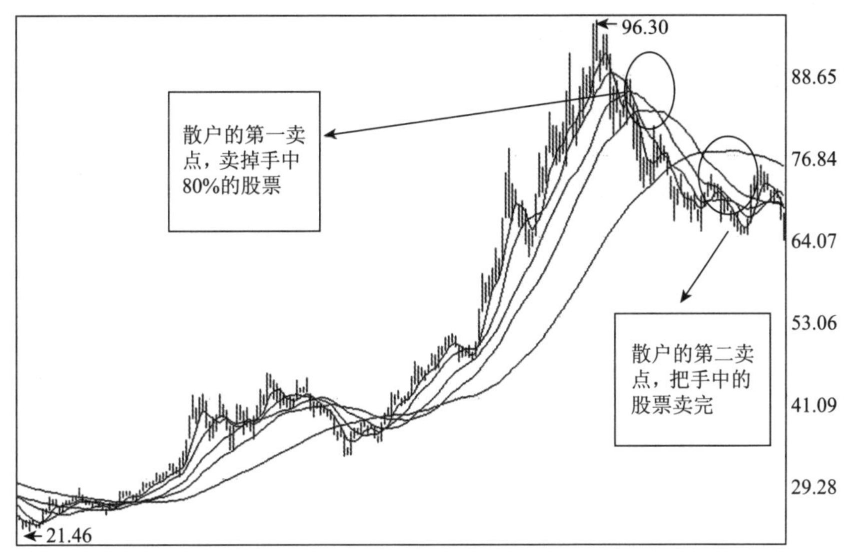

图 6－3　北方稀土分两次卖掉图（时间：2010. 02. 01—2010. 10. 27）

四、熊市中不要再买任何股票

当卖掉金牛股后，一定不要急于再买其他股，否则就很可能把赚到的利润都赔回去。因为当熊市来临后股价下跌的速度是惊人的，有时会像雪崩一样出现崩盘。2008 年 8 月 2 号大盘到大顶以后，之后几天大盘连续下降了 400 多点，其中有一天上证大盘竟跌了 130 多点。跌的速度之快之猛、幅度之大是任何散户都难以承受的。可以毫不客气地说，熊市中再买股票，你辛辛苦苦几个月挣来的钱，将会全部赔回去，甚至还把老本赔掉。

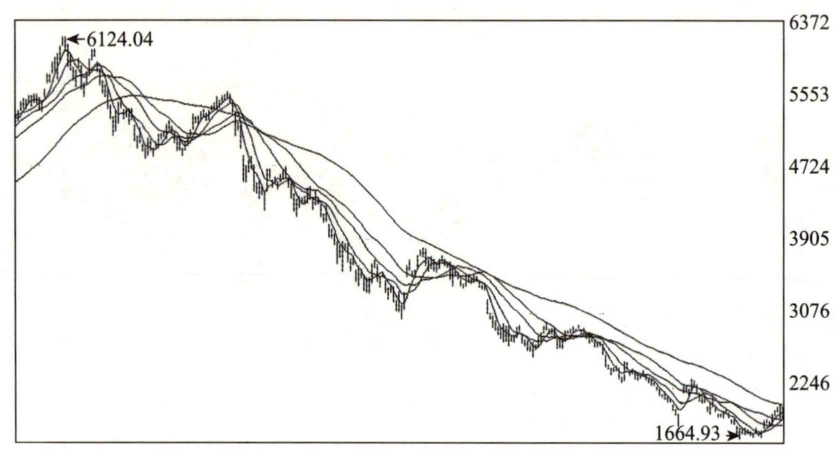

图6-4 上证大盘牛熊转换空仓图（时间：2007.10.17—2008.10.28）

所以，卖掉股票以后一定要冷静休息一段时间，离股市越远越好，千万不要听股评家的胡言乱语，再次冲进股市。

整个熊市中，都不需要去看盘，你可以去旅游，散散心，也可以找一份其他的工作，干一干。

五、熊市中不作反抽和小反弹操作

当熊市来临，大盘总体向下时，要坚决空仓，退出股市，把资金从股市中转走。即使在熊市中有反弹和反抽出现，也不要去买股票，此时的操作是非常危险的，很有可能为了10%的小利损失掉80%以上的本金。见图6-5。

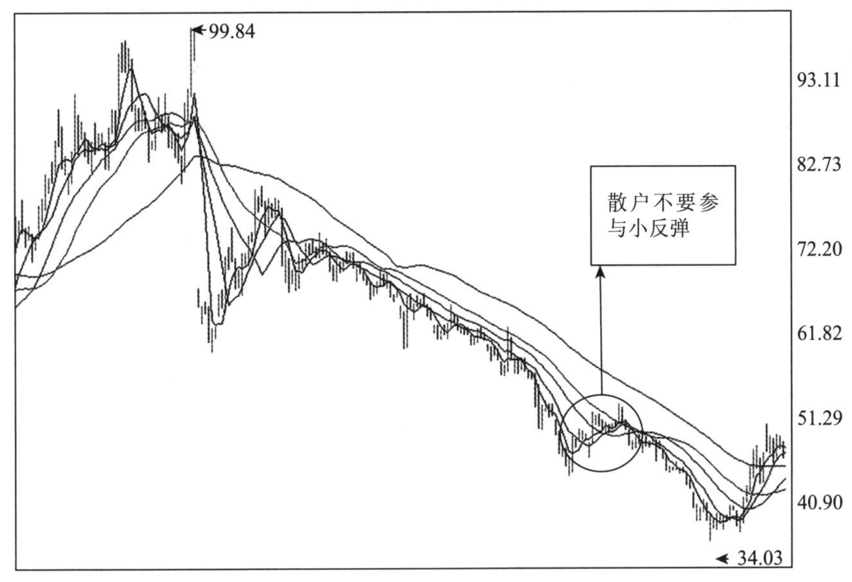

图 6-5　北方稀土熊市不作反抽图（时间：2012.05.06—2014.06.23）

熊市中的任何操作，不仅危险，而且难度太大，一般的散户是掌握不了买点和卖点的，就是庄和专业人士也不会选择在此时操作。他们都非常清楚一个道理：保住本金——保住本金——保住本金！难道我们散户比他们还高明吗？

第七章　如何寻找金牛股

选金牛股就是选好企业。好企业的核心指标是企业业绩能否可持续地大幅度增长。如果某位散户你选的企业是白金，即使掉进烈火中，也会烧得越来越亮；如果你选的企业是煤炭，即使烧得火红，仍免不了灰飞烟灭；如果你选的企业处于种子期，即使被人踩进泥土里，也会生根发芽，长成一株参天大树；如果你选的企业属于夕阳产业，即使还有短暂的辉煌，也会很快被淘汰。一只股票是否会成为金牛股，股市环境固然重要，但最重要的还是自身的质地是否具备金牛股的基因。

一、寻找金牛股的六大因子

1. 政策扶持

中国 A 股是政策市，政策鼓励就涨，政策打压就跌。不懂这一点，就无法在 A 股中生存，更不可能在 A 股中赚钱。在中国，国家扶持的企业，很容易生存，很容易发展，很容易获利。比如：近几年国家出台优惠政策，鼓励环保产业发展，环保企业就发展得快，企业利润就容易增长。因此，环保股就比一般股涨得快、涨得高。所以，金牛股一般是从政策扶持的行业或企业中产生的。如 2015 年这一轮的金牛股大多产生在互联网金融板块、高铁板块、高端制造业板块、生物医药板块。

散户在寻找金牛股时，必须高度重视政策因素，在政策扶持的行业中寻找金牛股。在分析政策时，要注意区别真利好政策与假利好政策。所谓真，就是中央文件上公布的政策，中央电视台正式播出的政策，官方报纸发布的政策。所谓假，就是小道消息，就是网上个别人，为了某种利益，编造的谎言性文章和消息。因此，散户要擦亮眼睛，识别真假信息。

未来中国 A 股市场出现金牛股的板块将是：新兴的互联网金融产业；高技术领域中的军工产业；生物工程医药产业；网购物流产业。因为以上板块的所属企业，将受国家政策的极大扶持。

2. 企业年利润率增长超过 30%

个股基本面的主要指标是企业年利润增长率。其他的一般性指标还包括该企业的每股收益、每股净资产、每股公基金、每股经营现金流、企业营业收入、利润总额同比增长率、企业管理人员状况等。在基本面中，最重要的三个指标一是主营利润增长率，主营利润率逐年增长；二是企业领导者的素质，企业领导者必须有诚信，有经营头脑，有市场眼光，有质量意识，有团结精神；三是企业产品市场空间巨大。在震荡市中金牛股的流通盘一般在 5 个亿以内。在牛市中金牛股的流通盘一般在 12 亿以内。

有些散户买股票时，基本不看企业基本面的指标，而只是盯着个股 K 线变化选股，只相信技术指标，不相信企业价值层面的作用。其实，现在许多机构选股，也要先到企业去进行调研，然后，再对个股进行各种指标的分析。

所以，我们散户要真正从股市赚到钱，就必须对上市公司进行洞悉和研究。对所选股票的公司的发展前景，前瞻、前瞻、再前瞻，对公司的真实业绩，接近、接近、再接近。

3. 企业领导者素质高、眼界宽、执行力强、团队和谐

企业的领导班子，就如同人的大脑、计算机的中央控制器，他们是企业经营活动的中枢。他们的思路是否正确、眼界是否宽阔、行为是否果断，直接关系着企业的生死存亡。企业领导者素质高、眼界宽，就能制定出科学的发展思路、正确的执行方案、细化的规章制度，就会有强大的执行力，就能生产出符合市场需要的产品，就能销售出去各种产品，就能获得最大的经济效益。反之，企业领导者如果素质低下、眼光短浅、执行力不强，就不能生产优质的产品，就不能高效地进行经营活动。

同时企业领导班子团结和谐很重要。企业领导班子团结和谐是企业稳定发展的前提，是企业执行力的保证。领导班子不团结，就会出现不和谐的声音，就会各自为政，彼此不配合，就形不成执行力，形不成经营效益，就会使企业形成一盘散沙的局面。因此，企业领导班子的团结对企业的生存发展非常重要。

4. 强庄

散户对某只股票进行考查，首先要对该股票的庄认真分析，要看他是否是强庄。强庄的基本特征是：其一，资金雄厚，手中有钱。其二，在突发式利空出现时，股价走势坚挺。其三，在同类板块股票股价涨幅中，涨幅最快、最大。其四，比大盘走的要强得多。每一轮行情启动时，有强庄支撑的金牛股往往首先启动，第一天上涨时经常出现中阳线或大阳线，有时候甚至多日连续拉中阳线或大阳线，五日均线往往很快向上穿过 30 日均线。MACD 形成金叉，KDJ

形成金叉，量线形成金叉，形成三金叉局面。

如图7-1。卫宁软件的庄是强庄，拉盘常常迅猛快速，他们在2013年4月17日开始放量拉升，连续多日在底部放量，说明该股一轮上涨行情开始。

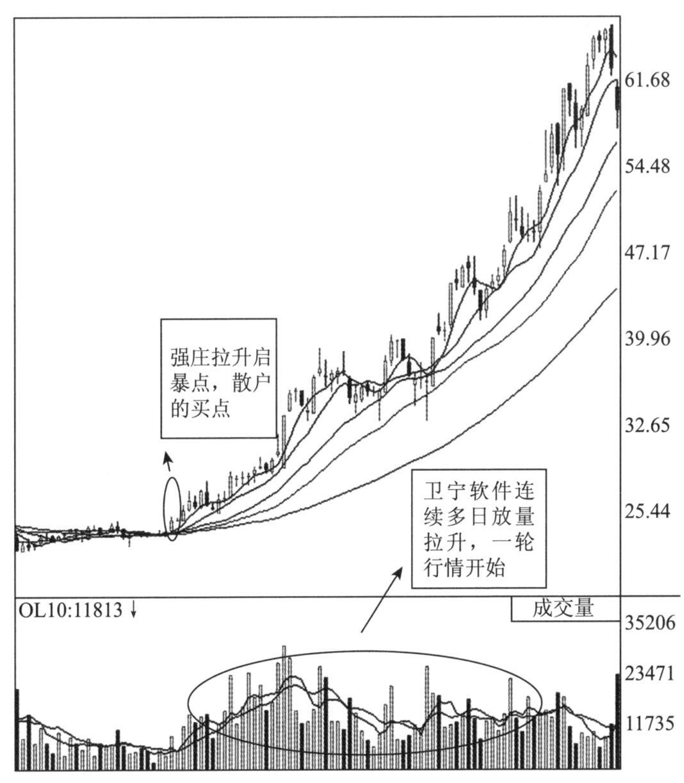

图7-1　卫宁软件底部放量拉升图（时间：2013.04.17）

（1）从K线上去识别强庄金牛股

强庄金牛股往往沿着5日或者10日、20日均线上涨，喜欢连续放中阳线上涨。强庄由于预期很好，实力又雄厚，因此，他敢于猛拉升，拉到一定高度后，根据大盘的情况，再决定是否出货。如果出货，他会通过各种途径制造利好消息，让散户接盘。

如图7－2，生意宝在2015年1月13日，5日均线放量突破30日均线，说明该股一波上涨拉升行情开始。之后该股形成均线多头排列，进一步巩固了该股的上涨趋势。

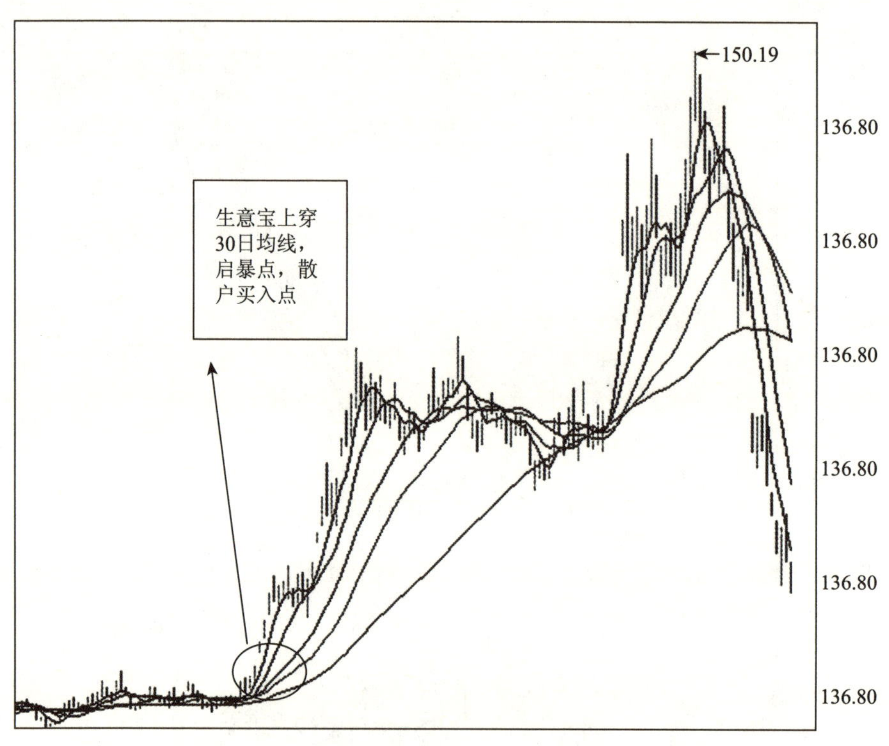

图7－2　生意宝突破拉升K线图（时间：2015.01.13）

（2）从MACD线上去识别强庄金牛股

金牛股的MACD线出现金叉线时间特别长，即使出现死叉，也会很快回到金叉，继续长时间地在金叉状态下震荡上行。图7－3是金牛股中科金财MACD的运行图。

如图7－3。中科金财在2014年5月28日，MACD出现金叉，标志着该股拉升上涨行情的开始。

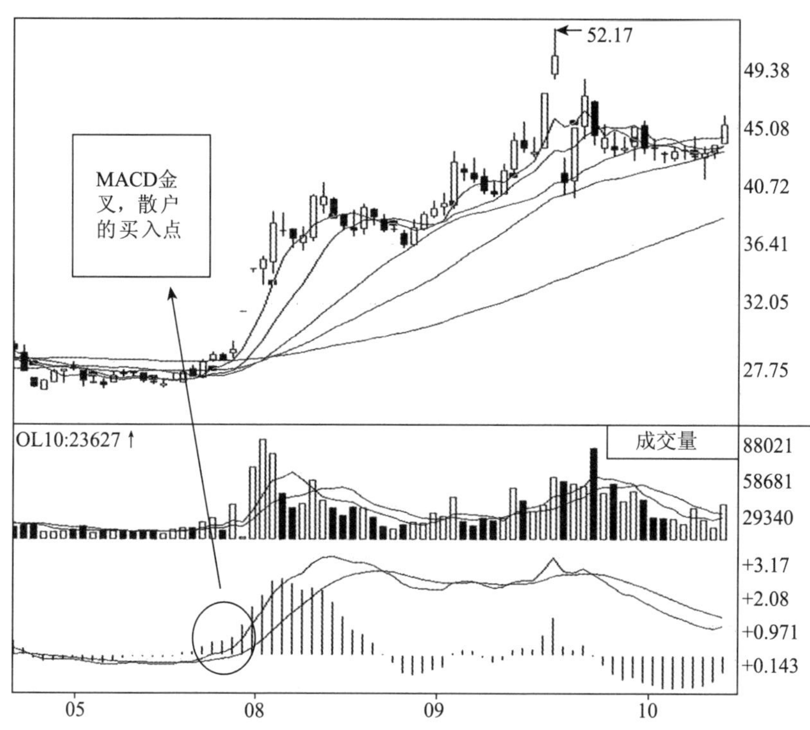

图 7-3 中科金财 MACD 图（时间：2014. 05. 28）

（3）从 KDJ 线上去识别强庄金牛股

KDJ 下线上扬时，股价开始上涨，形成金叉后，该股继续加速上涨。KDJ 线上涨到顶端时，该股还长时间上涨，此时就可以认定该股为强庄金牛股。这种图形走的时间越长，越能证明该股是强庄金牛股。当然我们对图形的理解和判断也不能机械地进行类比，要结合大盘的变化以及该股所在行业板块的状况而定。

图 7-4 是强庄安硕信息的 KDJ 图，在 2015 年 1 月 5 日，J 线上穿 K 线与 D 线，形成金叉，说明一波上涨大行情开始了。

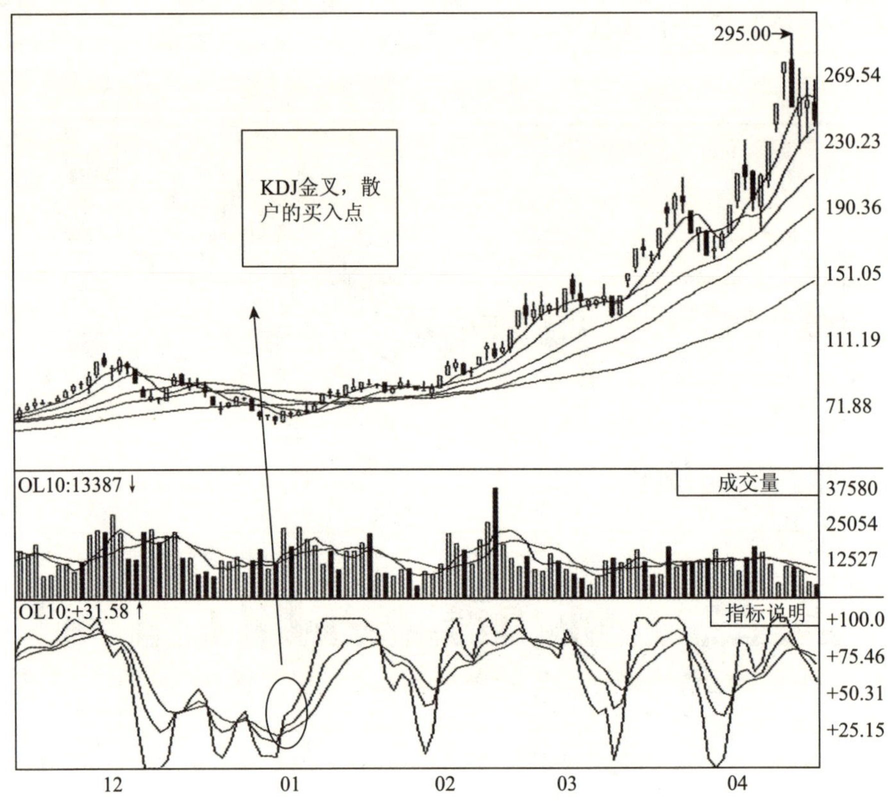

图7－4　安硕信息KDJ图（时间：2015.01.05—2015.05.13，股价从58.00元涨到474.00元）

（4）从布林通道线上去识别强庄金牛股

如图7－5。该股股价通过布林线的中轨线后很快上升到上轨线，沿着上轨线长时间持续上涨，此时就可以判定该股为强庄金牛股。

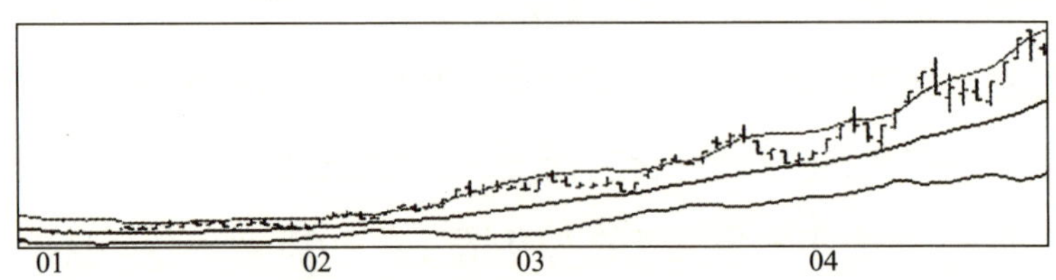

图7－5　安硕信息布林通道图（时间：2015.01.05—2015.05.13，股价从58.00元涨到474.00元）

强庄金牛股安硕信息在 2015 年 1 月 16 日，股价上穿中轨线接近上轨线，开始了一轮大上涨行情，之后股价始终在布林通道中轨之上，说明该股是强庄金牛股。散户在分析某只股票是否进入强势状态时，要看该股股价是否上穿中轨线，是否在中轨线上运行，在中轨线上运行越长越能证明该股强势。强庄金牛股在牛市中进入拉升阶段时，阳柱往往贴着上轨运行。

（5）从 MAVOL 连续放量识别强庄金牛股

金牛股在拉升阶段，经常是连续多日放量拉升股价，一般在初期拉升和末期拉升阶段更为突出。有个别强庄金牛股在末期时，经常会连续拉出七、八个涨停板。

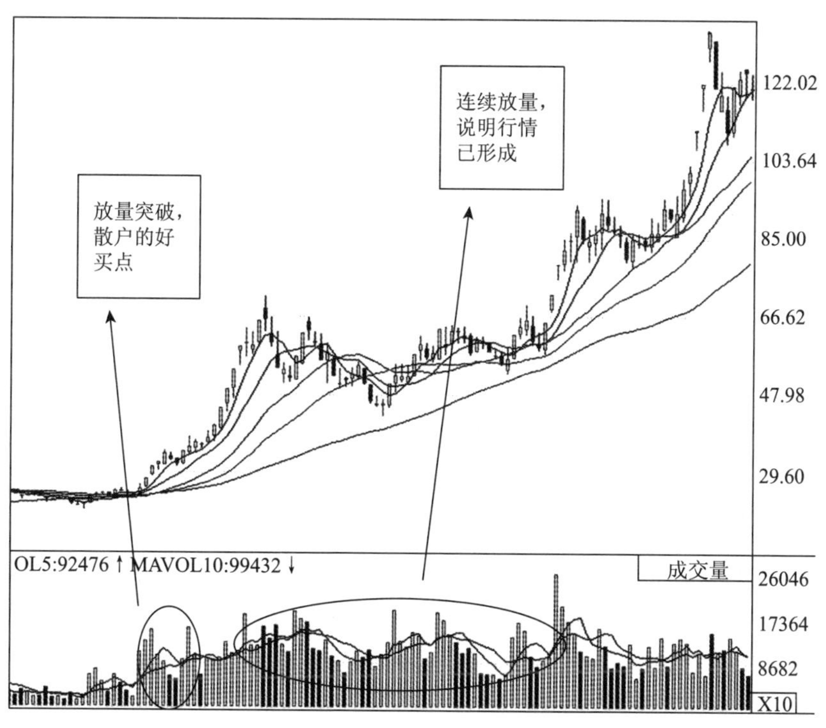

图 7－6　同花顺量能图 MAVOL（时间：2015. 01. 05—2015. 04. 23）

如图7－6。从量线上看，同花顺连续多天长时间放量上涨，阳线柱大大超过阴线柱。因此，就能断定该股进入了拉升阶段。散户从21元买进，是好买点。该股在2014年10月27日—2015年4月23日期间，股价从20.61元开始一直涨到181.87元。

如图7－7。金证股份是一支强庄金牛股，2012年12月4日，大盘出现了一轮上涨行情。金证股份也在2012年12月5日，股价上涨3.51%，开始了一波大拉升上涨行情。

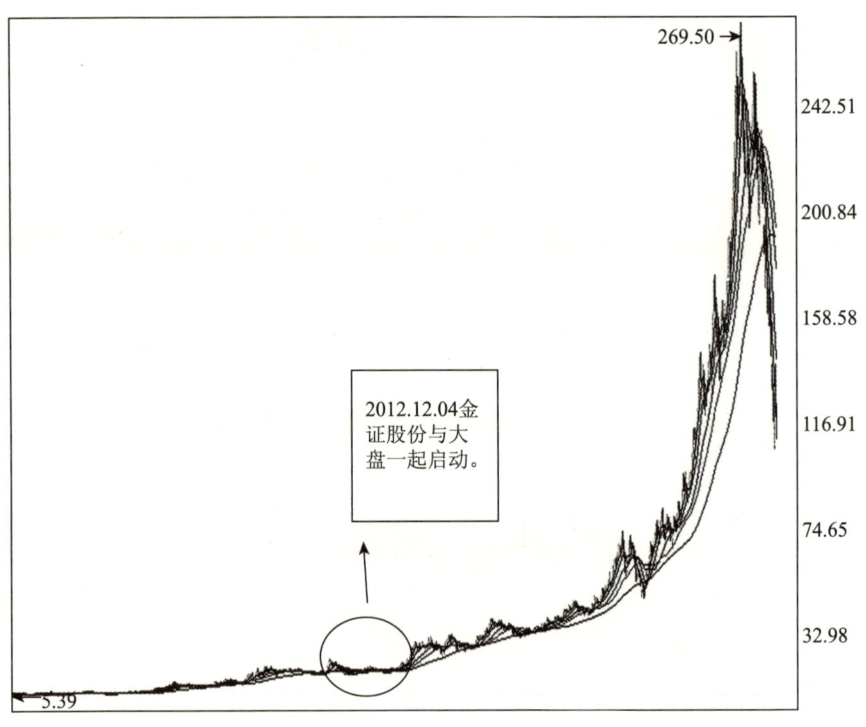

图7－7　金证股份股价拉升K线图（时间：2012.07.26—2015.04.30，股价从5.59元涨到184.76元）

5. 流通盘不超过8亿

金牛股为什么常常在中小盘股产生？这是因为，中小盘股盘子轻容易被拉升，同时在拉升时，它不显山显水，没有人关注。特别是在震荡市中，金牛股基本上都产生于中小盘股中，震荡市中，流通盘在5个亿以内的股票出现的金牛股较多。牛市中大多数金牛股也在中小盘中产生，牛市中流通盘在12亿以内的股票出现的金牛股较多。

6. 企业的市场空间巨大

金牛股所在企业产品市场空间巨大，也就是说企业生产的产品，能及时地销出去。比如说，贵州茅台生产的茅台酒基本上都能销售出去。一般来说，朝阳行业的企业，由于市场需求巨大，生产的产品就容易销出去；反之，夕阳产业的企业，产品由于市场需求有限，相对就难销出去。

所以，我国未来一定是新兴产业的大牛市，金牛股将在互联网金融、高端装备制造、节能环保、生物医药、医疗保健、信息高科技产业、新型消费企业、服务贸易等企业中产生。

二、怎样识别金牛股的底和顶

1. 大盘的底和顶与金牛股底和顶的关系

一般来说，金牛股比大盘先见底，比大盘先见顶。但也有一些金牛股比大盘后见底，比大盘后见顶。不过总体来说是与大盘同步，它是随着大盘的涨而涨，跌而跌。比如，在2005年6月6日至2007年10月16日的大牛市中，山东黄金于2005年7月19日见大底，于2008年1月7日见大顶，比大盘牛市启动日和结束日略晚一些。又比如，驰宏锌锗于2005年7月26日见大底，于2007年10月22日见大顶，与大盘牛市启动日和结束日基本上同步。

2. 从政策面去识别金牛股的底和顶

金牛股总是受到利好政策的支持，利好政策实施的开始就是金牛股建底的结束，是上涨拉升的开始。利好政策实施的结束，就是金牛股出货的开始，是上涨的结束。此后，股价就开始一轮接一轮地下跌。

3. 从个股的 K 线去判断金牛股的底和顶

从个股的 K 线去判断金牛股的底和顶是十分明显的，金牛股在底部区域横盘半年以上，始终不跌破前期的最低点，此处就是金牛股的底。

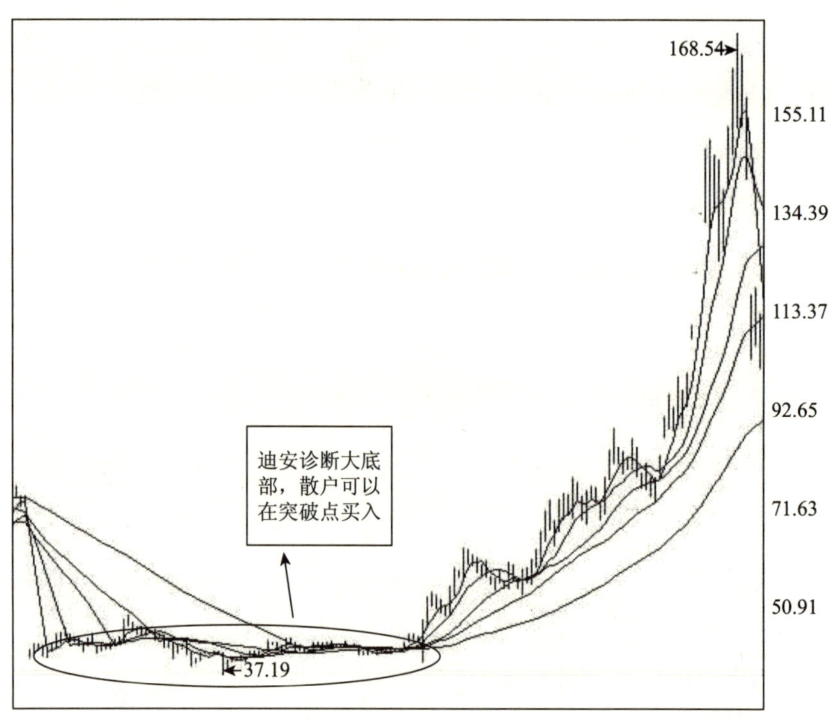

图 7－8　迪安诊断大底图（时间：2015. 06. 04—2015. 09. 30）

迪安诊断在2014年6月4日除权后，形成了一个阶段底。在一个箱体中震荡了3个多月。在这3个多月里，该股股价没有大幅波动，上下起伏不大。往往横盘建仓是强庄的一个建仓特点，见图7-8。

金牛股经过长时间大幅上涨后，在高位出现放量下跌大阴线，此阴线下跌6%以上。之后3天放量下跌，再上涨时总超不过前期高点，这就是金牛股的顶。

迪安诊断2015年6月18日见到大顶后，过了2天就进行了除权，除权后开始出货。在一个箱体中震荡了1个多月。在这1个多月里，该股股价有一定的波动，庄就这种起伏波动的过程中，把手中的筹码卖给散户，让散户接盘，见图7-9。

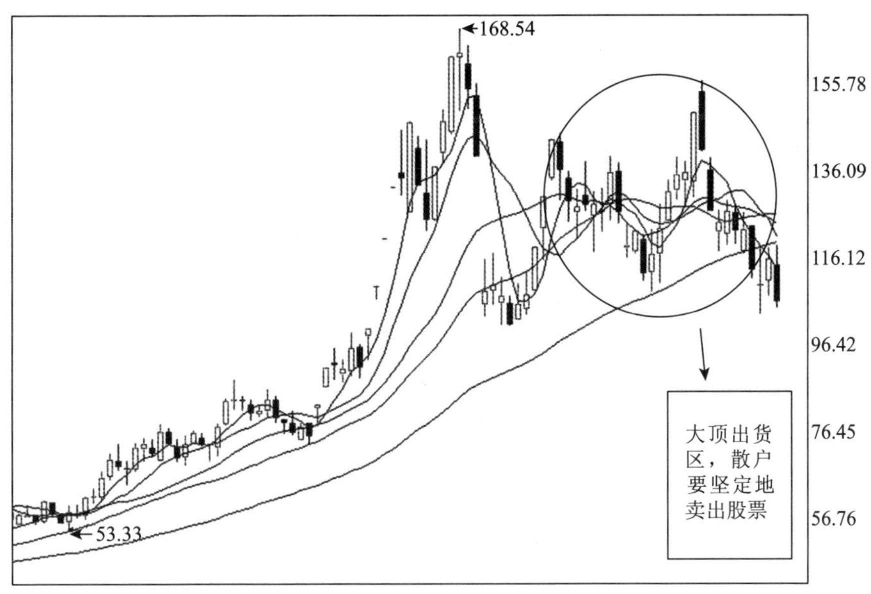

图7-9　迪安诊断大顶出货图（时间：2015.04.24—2015.06.18）

4. 从资金进出量去判断金牛股的底和顶

金牛股跌到底部区域时，金牛股的庄用自己的大资金，长时间缓慢地在此处买进，时间有时 3 个月，有时 3~4 年，时间不等。股价在一个上下震荡不超过 30%~40% 的箱体中运行，每天的成交量很小。如果出现上述现象，此处就可以断定为金牛股的底。

迪安诊断在 2015 年 4 月 24 日至 2015 年 6 月 18 日期间，一直在底部建仓，建仓时每天的成交量不大，小阳小阴慢慢吸筹，见图 7－10。散户要高度重视庄的建仓动向，一旦发现庄建仓结束，开始拉升时，应马上买入。

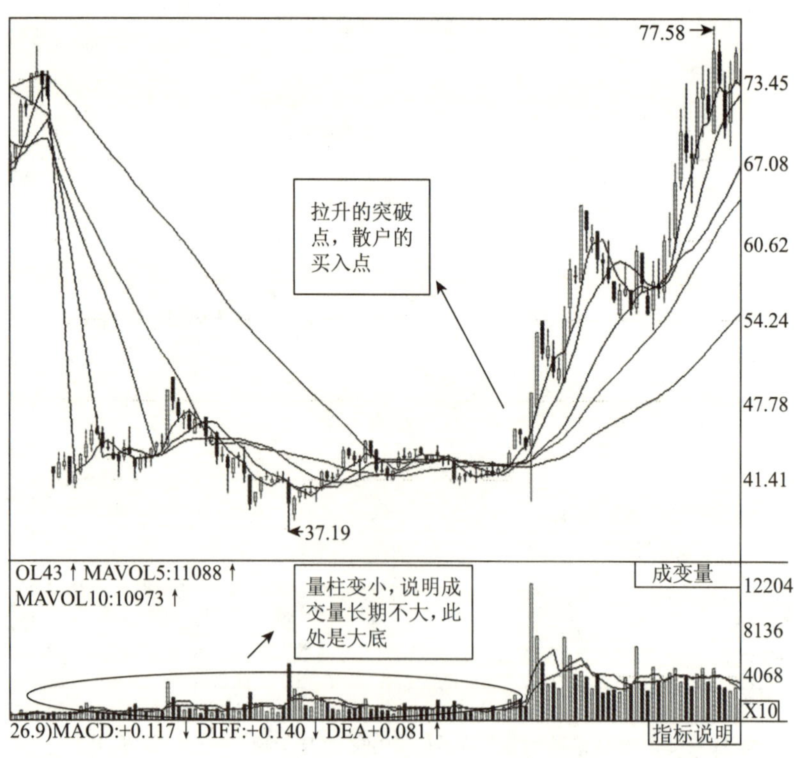

图 7－10　迪安诊断大底建仓量柱图（时间：2015.04.24—2015.06.18）

金牛股经过长时间拉升，股价大幅上涨后，就能到达顶部区域。在牛市中金牛股的股价涨幅可达到600%~1500%，在震荡市中金牛股的涨幅可达到200%~300%。经济形势出现重大负面情况，该股在某日放巨量下跌，大资金之后纷纷卖出，此处就是金牛股的顶。

如图7－11。迪安诊断在2015年5月24日见大顶后，就开始出货，成交量每日都放得较大。散户见到个股顶部放量要相当小心，不要在最后被庄给套住。

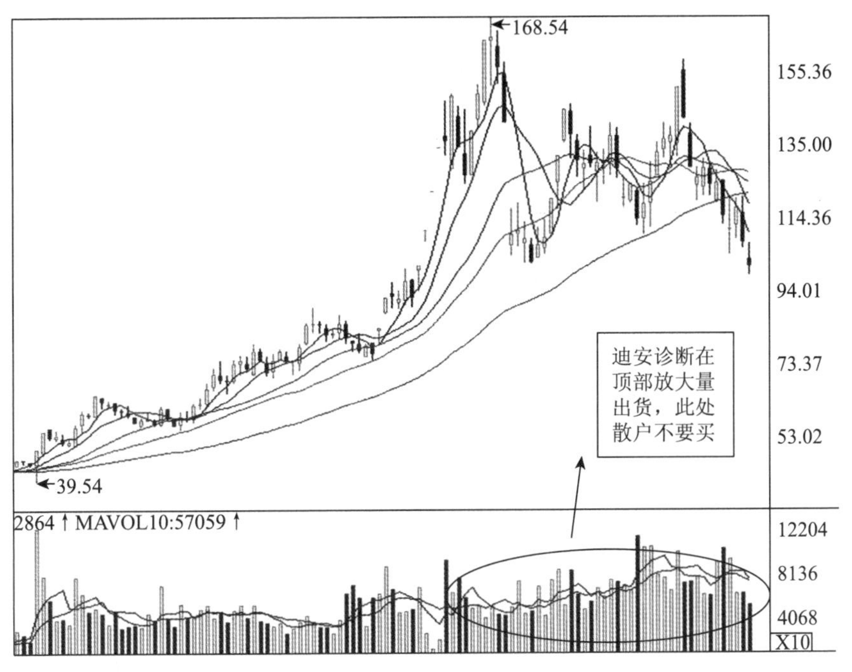

图7－11　迪安诊断大顶出货量柱图（时间：2015.05.24—2015.06.19）

5. 金牛股底和顶的基本形态

金牛股的底，一般在底部区域出现长时间的小阴小阳的表象，股价一般不跌破前期最低点，少数股例外。量能萎缩，像一条干枯的河床。

如图 7－12。欧菲光于 2011 年 8 月 9 日开始建仓，2012 年 3 月 19 日建仓结束。之后一波牛市拉升开始，股价从 13.20 元涨到 83.99 元。上涨幅度达 638%。

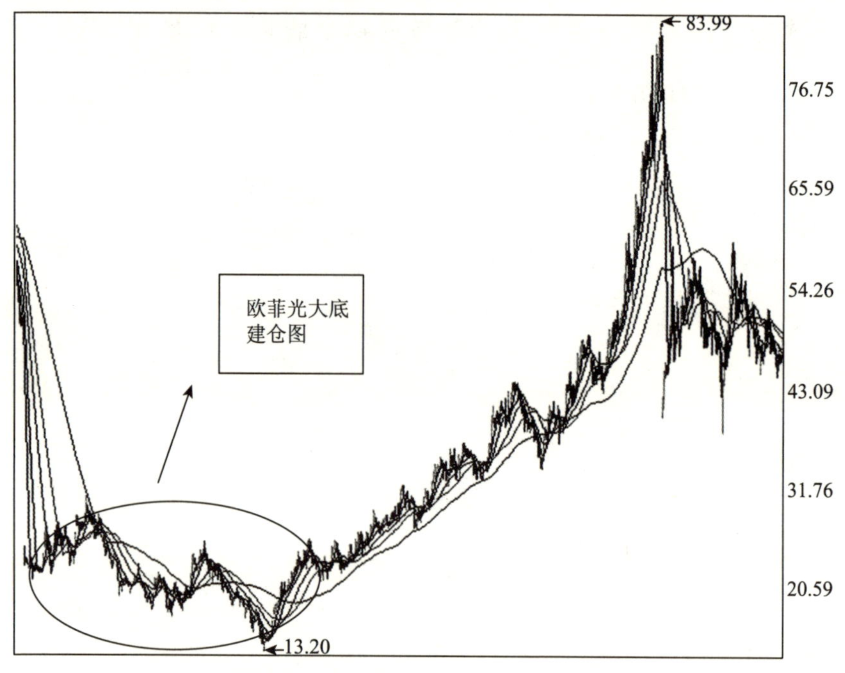

图 7－12　欧菲光大底建仓图（时间：2013.04.16—2013.07.03）

金牛股的顶，是经过金牛股的庄漫长时间的拉升，股价涨了几倍甚至十几倍，此时，股价来到了顶部。一般在顶部区域出现大阳大阴的放量出货现象，股价大跌以后，反弹始终超过不了前期高点，就意味着该股已经见到了大顶。散户此时的第一反应应该是卖掉手中的股票，落袋为安。如果稍有犹豫，就可能被套，就可能损失惨重。

如图 7－13。曾经的金牛股欧菲光，在 2012 年 1 月 9 日至 2013 年 4 月 12 日期间，股价从 13.20 元涨到 83.99 元后，通过填权的方式出货，在一个多月的时间中，主力把货出完。

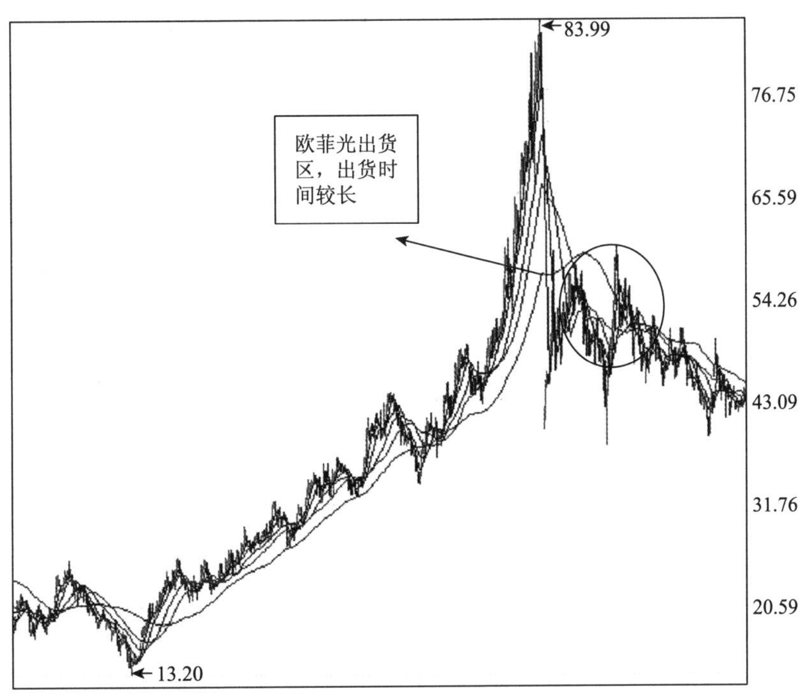

图 7－13　欧菲光大顶出货图（时间：2013.04.16—2013.07.03）

散户在主力出货阶段一定不要去买他们的股票，如果买，风险极大，很可能被终身套住，损失巨大。

切记：不要追高，更不能买出货股票。

第八章　怎样买入、持住、卖出金牛股

只知道如何寻找金牛股还不行，还赚不到钱，还必须清楚怎样买入、持住、卖出金牛股，才能赚到钱。本章重点阐述这些问题。

一、怎样买入金牛股

1. 个股企稳的标准

当大盘一轮上升的行情开始并企稳后，我们就可以按照大盘的趋势进行操作了，但操作前，必须弄清你所买的股是否企稳。如果企稳就可以买入，如果没有企稳就不能买入。那么个股企稳的标准又是什么呢？其一，个股已经止跌，开始向上发散，5 日均线翘头，并穿过 10 日均线。其二，该股所在板块集体向上，有节奏地上涨。其三，该股在长期横盘以后，在箱底处开始连续多天放量拉出中阳线或大阳线，特别是 5 日均线某日放量穿过 30 日均线后，还继续放大量上涨，就说明该股已经企稳。

以上三个标准是我们判断能否买股票的重要标准。如果某一只股符合上述要求，我们就可以买入；不符合，我们就不能买入。

金牛股怡亚通，是物流板块高业绩成长股，它经过长期横盘整理后，于 2014 年 8 月 27 日启动一轮上升行情，该股拉升时，5 日均

线上穿了30日均线，之后，股价连续数日放量上涨，该股所在板块同时也集体上涨。如图8-1。

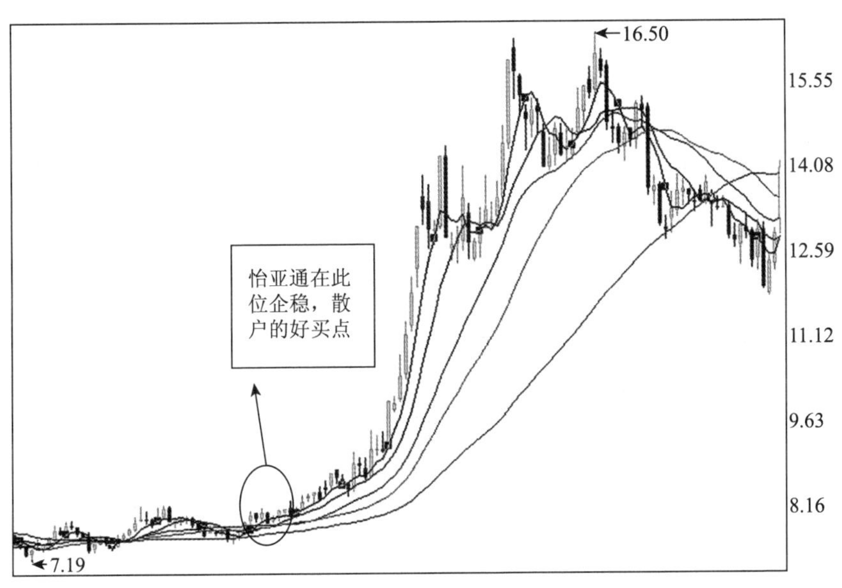

图8-1　怡亚通企稳图（时间：2014.07.29—2015.04.29）

2. 买入点的把握

当某一只股出现企稳特征时，我们就可以准备出手买入了。买入点一般来说有三个：

买点之一：大盘企稳后，某只长期横盘的股票，在一个箱体中反复震荡，庄家的目的就是一个——大量吸筹，当这只股票跌到箱底，并放出中阳线或大阳线时，之后几天的回调点就是买点。

盐湖股份，是化肥板块的高业绩成长股，它经过长期横盘整理后，于2014年7月11日启动一轮上升行情，该股拉升时，5日均线上穿了30日均线，之后于2014年7月21日股价又缩量回调到14.99元，22日又拉升股价2.50%，此时就是一个好的买入点。之后，该股大涨到 31. 33 元。如图 8 - 2。

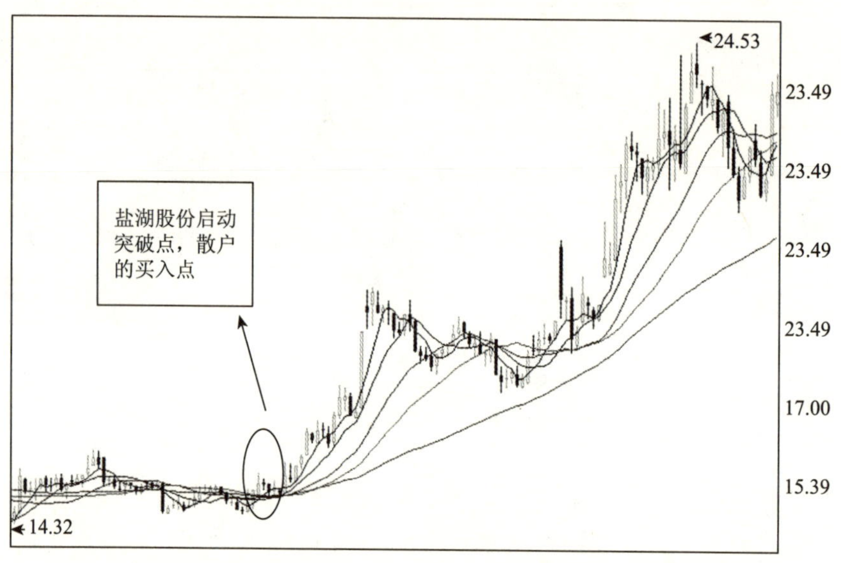

图 8 - 2　盐湖股份箱底买入图（时间：2014. 07. 21—2014. 08. 13）

买点之二：大盘企稳后，某只长期横盘的股票，突然跌破箱底，快速向下打压，当跌到 20%～30% 时，该股开始止跌，并小阴小阳地横盘 8～30 日，然后，某天突然放量拉出中阳线或大阳线，这时的启动点就是买点。

如图 8 - 3。精功科技在 2014 年 4 月 10 日被庄家打压股价，挖了一个黄金坑，2014 年 5 月 16 日股价跌到 5. 65 元。之后，横盘 23 个交易日，于 2014 年 6 月 23 日，突然放量拉升，此处就是一个很好的买点。

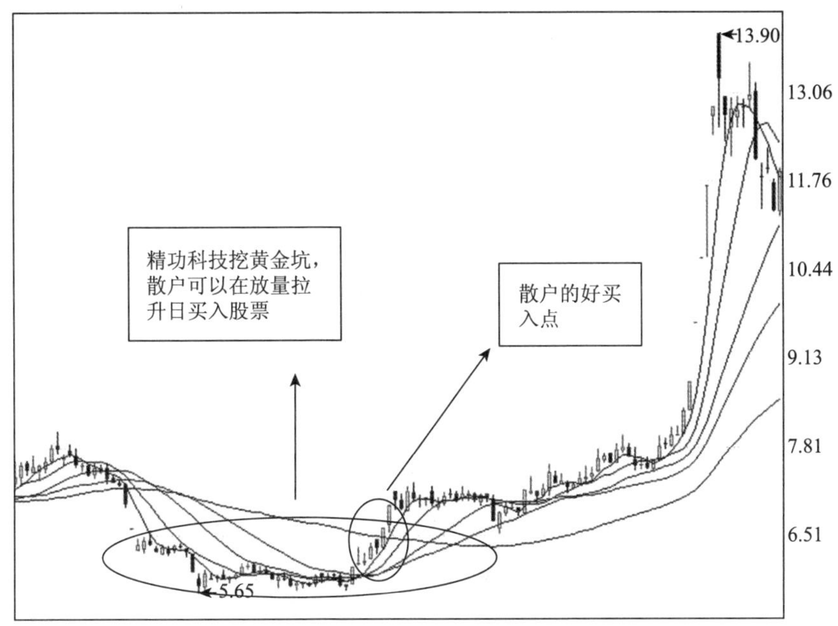

图 8－3　精功科技挖黄金坑图（时间：2014. 05. 16—2014. 06. 23）

买点之三：当大盘企稳后，某只长期横盘的股票，各条均线已经粘合，突然在某一天放量拉升，5 日均线上穿 30 日等多条均线，该股所在板块也集体上涨，此点就是买点。

如图 8－4。卫宁软件在 2015 年 1 月 19 日—2015 年 4 月 5 日，股价从 48. 25 元涨到 206. 80 元。2015 年 1 月 19 日涨停后，5 日均线上穿了 30 日均线，之后连续多日放量拉升，说明该股一轮上升行情开始。

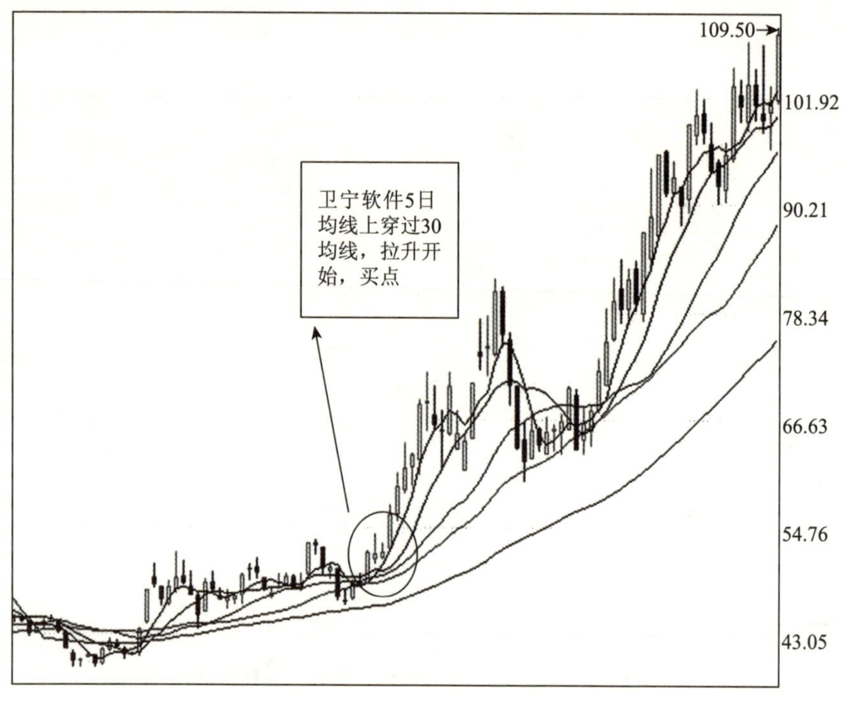

图8-4　卫宁软件（时间：2015.1.19—2015.4.05）

股价从48.25元涨到206.80元

炒股的第一关键点就是买点，如果买点掌握不好，买进后，马上就会被套，心情就会不好，很可能一气之下，把所买的股票割肉卖掉。如果买点掌握得好，买进后，股价上涨，马上就会获利，心情就会愉悦，这一轮操作，可能就会获利。

3. 买入时机的把握

买入时机的把握对于散户十分重要。俗话说："机不可失，时不再来。"一般来说，一年中，散户购买金牛股的时机并不多，也许就是那么3~5天。因此，买入的时机对散户来说是不能错过的。错过了，这一年的收入就会大大减少；把握住了，这一年的收入就会大大增加。那么如何把握买入的时机呢？主要抓住三点：其一，当国

家提出和实施重大的推进经济发展的政策和举措时；其二，当该股所在的板块集体上涨时；其三，当大盘企稳，个股也随之企稳，一轮上涨行情开始时。

以上三点，就是我们把握和判断买入股票时机的标准，每个散户必须牢牢记住。金牛操作法的理念是：趋势投资，充分尊重市场的发展趋势，牛市中大资金重仓买入，拼命赚钱；熊市中空仓休息，出去旅游观光；震荡市中，大盘震荡上涨时中仓买进，大盘总体震荡下跌开始时，卖出股票。

在 A 股市场中，许多时候选时比选股更重要。当系统性风险来临时，一定要把手中股票都卖掉。此时，绝对不能存半点幻想和犹豫。

4. 分批买入金牛股

当我们把握了买入点和买入时机后，就将开始买入股票，即买入金牛股。但买金牛股是一次买进，还是多次买进呢？我认为，分两次或三次买入金牛股较好。比如我们用 100 万元资金买入一只股，可以先用 30 万元资金作为先遣资金买进，当该股回调结束后，再用 30 万元资金买入，当该股真正企稳后再追加 30 万元资金买入，留 10 万元资金作机动资金。

这种分批买入的方法，有以下三点好处：第一，如果我们买点掌握得不是十分准确，买入后，该股股价下跌，这时，可以在底部增加筹码，降低成本。第二，股票的震荡属于正常，我们不可能买任何一只股票，买进后立刻就涨，就马上获利，它必须在一定的箱体中震荡，短时间被套属正常现象。因此，我们分批买进就会规避一些风险。第三，庄家是非常狡猾的，他可以了解我们买入的情况，有时他会故意打压我们的筹码，故意把他手中的筹码卖掉，把股价压低，使我们散户产生恐惧和慌乱，如果我们手中还有资金，就不会怕庄家的打压行为，就不会太恐惧和慌张，可以游刃有余地对付庄家的打压行为。

5. 买一只金牛股好，还是买多只股好？

买金牛股最好是在一波行情到来时，分别买两只金牛股。一只是成长性很好、每股收益率在0.4元以上的价值股，另一只是热点概念股。两只股票资金分配为：价值股占60%的资金，热点概念股占40%的资金。为什么要这样分配呢？因为价值股成长性好，收益率高，很容易被资金实力雄厚的大庄家看上，一旦他们介入进去，建仓时间虽长，但拉升的幅度很大，拉升的时间很长。我们用较多的资金购买这类股，就会得到更多的利润。同时，价值股由于成长性好，该企业在未来是不会破产退市的，我们的资金就更加安全。

我们用较少的资金去购买热点概念股，是因为该类股票容易被游资看中，往往私募资金喜欢介入这类股票。他们资金少，行动快，一般在很短时间内就把股票拉得较高，有时甚至连续拉7~8个涨停板。但他们把股价拉到目标位后，出货的动作快，时间短，出货的行为十分隐蔽。有时大盘还在高歌猛进时，热点概念股的建仓—试盘—拉升—出货已经完成。由于私募游资的这种操作方式，速度快，隐蔽性强，散户很难踏上节奏，很难掌握它的买点卖点，因此，用较少的资金来操作这样的股票，即使出现差错，也损失较少一些。

再则，由于私募资金少，很难把股价拉得很高，散户很难在这类股票上赚到很多的钱。

6. 买金牛股时的 K 线形态和其他技术指标

（1）买入金牛股时的 K 线形态

当大盘企稳后，该股在底部长期横盘，30 日均线走平，5 日均线在箱底部上穿过 10 日均线，出现中阳线或大阳线，如果 5 日、10 日、20 日、30 日、60 日和年线都粘合在一起，一根大阳线后，5 日均线上穿多条均线甚至穿过年线，此时是最好的买点。

如图 8－5。金牛股太原重工于 2014 年 7 月 4 日放量拉升启动一轮上升行情，此处是散户最佳买入点之一。

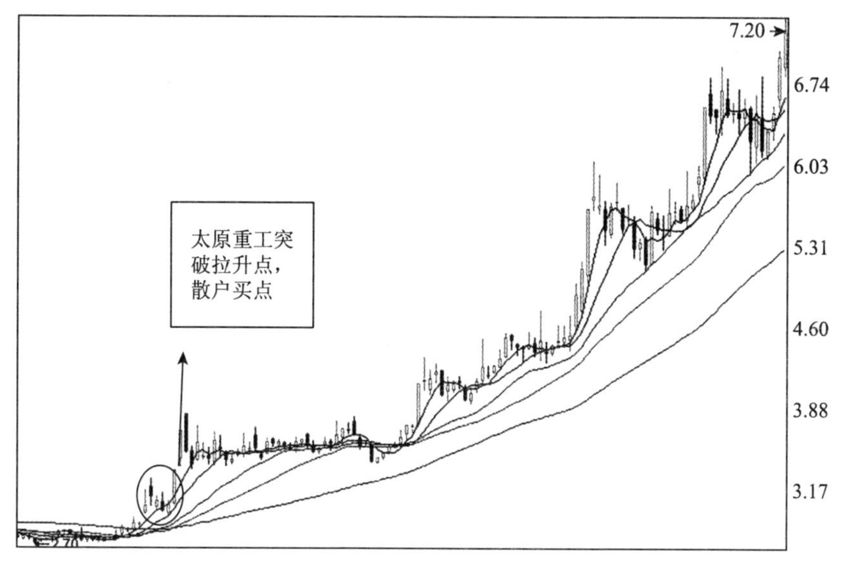

图 8－5　太原重工放量拉升图（时间：2014. 07. 04—2015. 12. 18）

（2）买入金牛股时的 KDJ 形态

当大盘企稳后，KDJ 低位出现金叉，它表明有大量买入资金进入，是多头强于空头的信号，此现象的出现，是买入信号。

如图 8－6。中国南车 2014 年 10 月 16 日 KDJ 低位出现金叉，它

表明有大量买入资金进场，此现象的出现，是散户的买入信号。

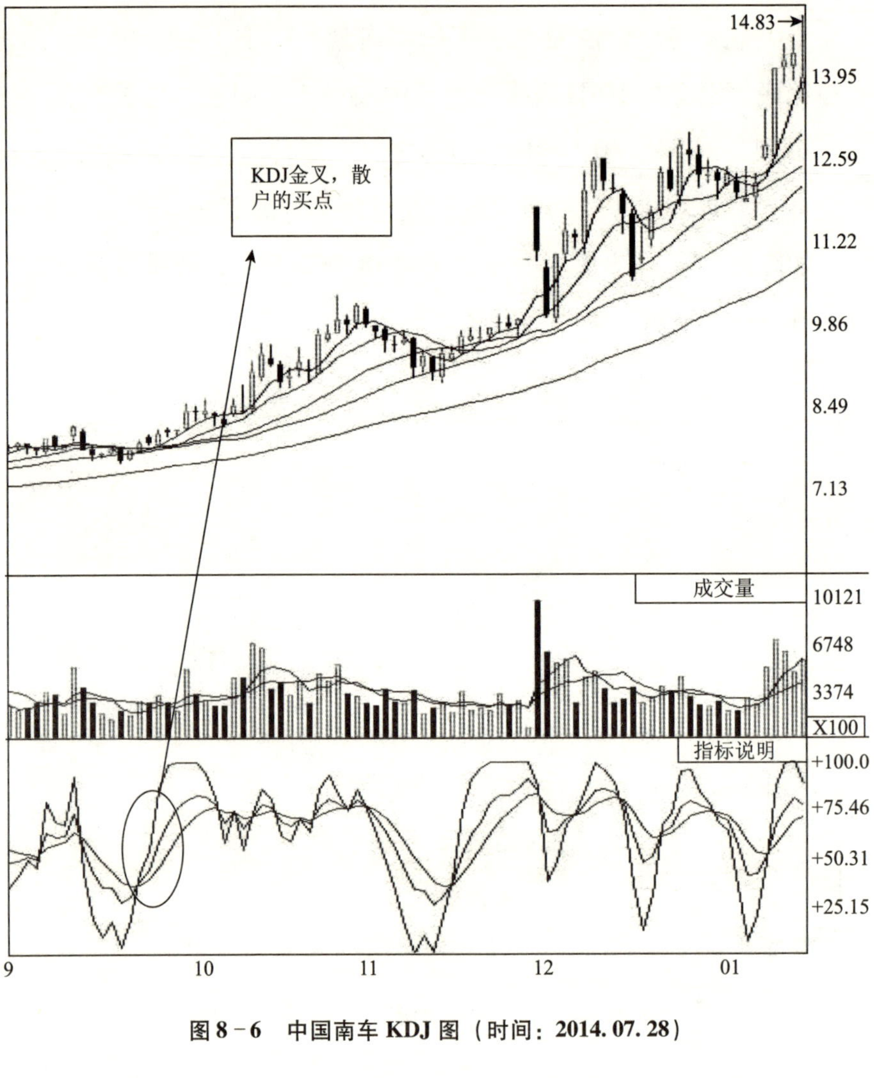

图 8－6　中国南车 KDJ 图（时间：2014. 07. 28）

（3）买入金牛股时的 MACD 形态

当大盘企稳后，MACD 低位出现金叉，它表明庄家用大量资金买入，是多头强于空头的信号，是一轮上涨行情的开始，此现象的出现，是买入信号。

如图 8－7。同花顺 2014 年 11 月 7 日 MACD 形成金叉，表明一轮上升行情即将开始，散户可以买入。

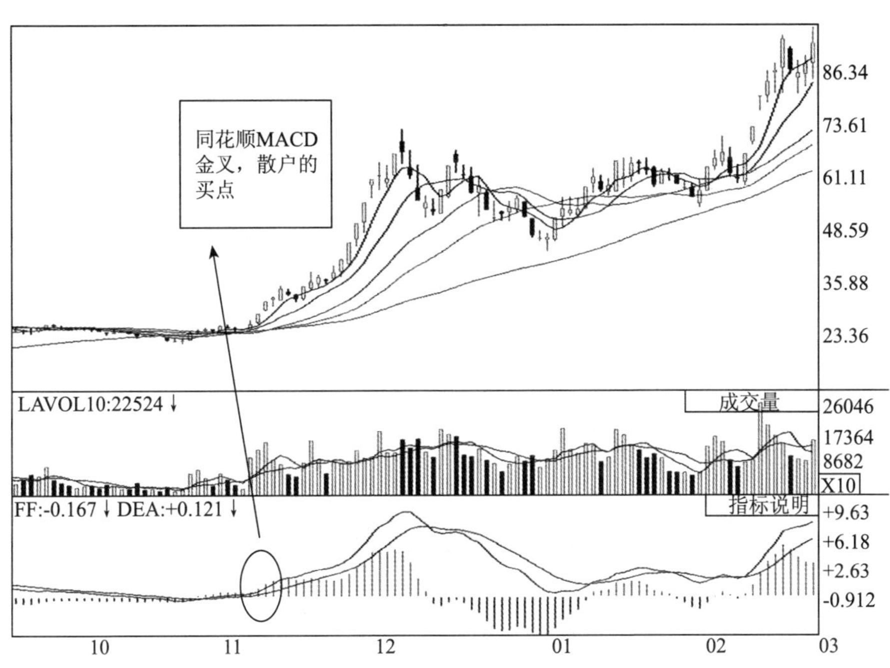

图 8－7　同花顺 MACD 图（时间：2014. 11. 07—2014. 12. 05）

（4）买入金牛股时的 VOL 量线形态

当大盘企稳后，VOL 量线某天突然出现金叉，它表明有大量场外资金买入进场，是多头强于空头的信号，此现象的出现，是买入信号。

如图 8－8。迪安诊断 2015 年 1 月 9 日后连续多日放量拉升，表明该股已经进入拉升阶段，一轮上涨行情开始。

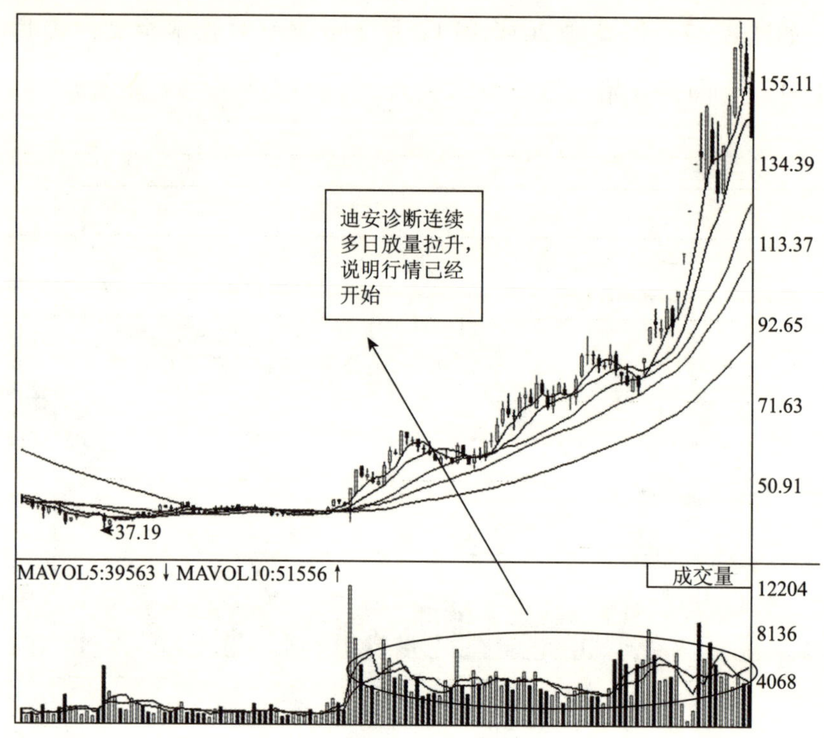

图 8－8　迪安诊断 VOL 量柱图（时间：2015. 01. 09—2015. 04. 24）

总之，散户买入金牛股，要从多个信号、依据多个标准来判断，一旦做出买入决定，要坚决买入，毫不犹豫。

二、如何精确计算主力持仓量、控盘度、建仓成本

1. 如何精确计算主力持仓量与主力控盘程度

对于散户来说，精确计算主力持仓量与控盘程度是十分重要的。

主要方法是：

假设个股流通盘为 A，A ×（个股某段时间换手率-同期大盘换手率）可以得出一个数值；将该数值分别除以 2 和 3，得出两个数

值，庄家的持仓量就位于这两个数值之间。

例如：某股流通盘为6000万股，2014年下半年该股连续60个交易日的换手率为280%，同期大盘的换手率为160%，据此可以算出：

6000万股×（280%−160%）=7200万股

7200/2=3600万股

7200/3=2400万股

因此，庄的实际持股数在2400万~3600万股，也就是说庄的持仓量为流通盘的40%~60%，即庄的控盘度是40%~60%。

由于其上限已超过流通盘的50%，下限已达到流通盘的40%，据此可以得出这样的结论，即该庄坐庄时间会较长，是一个中线的庄，甚至是一个长线的庄。

在计算庄的持仓量时，时间周期不宜太短，一般以60~120个交易日为宜，最短也应该是20个交易日以上，因为庄收集筹码最少也需要20个交易日。

2. 如何精确计算主力建仓成本

庄建仓成本价的计算方法是：庄建仓那段时间内股票的最低和最高价相加，再除于2，所得的值就是庄的建仓成本价。这种方法虽简单，但实用，误差也不大。

下面就以万马股份为例来计算庄的建仓成本价。

如图8−9。万马股份的庄在2013年6月25日—2014年2月12日期间，小阴小阳吸筹码建仓，股价最低4.02元，最高是5.47元。

庄的建仓成本价是：4.02+5.47/2=4.74元

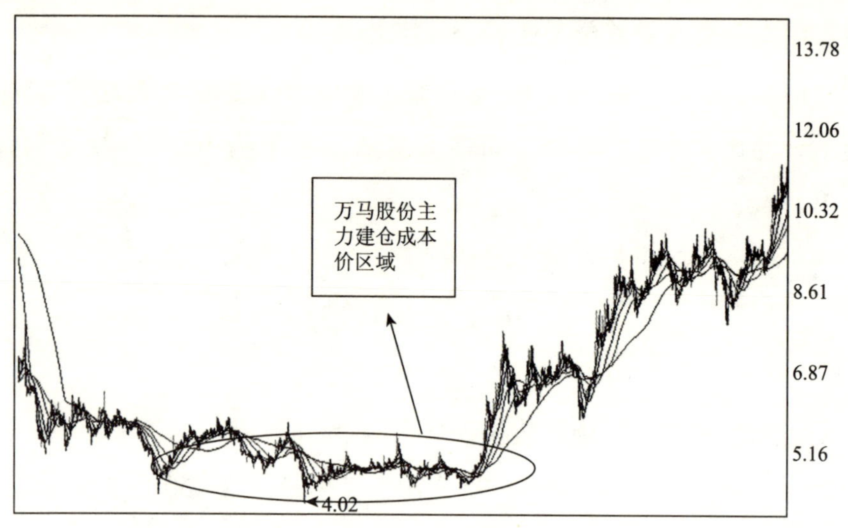

图8－9　万马股份庄建仓成本图（时间：2013.06.25—2014.02.12）

散户想赚钱，就要从庄的角度来考虑问题，给庄算账。如果散户能清楚地算出庄的建仓成本价，在庄建仓成本之下买入股票，长期持有，不管庄如何震仓，你也不出来，等庄把股价拉升到一定高度后，你再卖出股票，你就一定会赚到可观的利润。

一般来说，一个中线庄，如果他们想获得30%～40%的利润，就必须把股价拉升至比建仓成本价高100%的位置。因为他要扣除吸货成本、拉抬成本、派发成本、资金成本、公关成本等等。

三、怎样持住金牛股

持住金牛股，而不被庄家的洗盘、试盘、震仓给震走，是不容易做到的。

1. 持住金牛股并不容易

唐代诗人李白说：“蜀道难，难于上青天。”持股虽不是难于上

青天，但也是一件非常难的事。其原因在于，一般散户看不懂庄家如何试盘、建仓、拉升、出货，受不了庄家的震仓、洗盘。所以，股市中有两种人可以持住股，一是买进后不看盘的人；二是真正懂股市的人。

2. 看大盘趋势持好股

当散户买进金牛股后，关键是要持住股，持好它。要持住股，就必须看准大盘发展的趋势。一般来说，大盘上涨的趋势不改变，个股也会跟着大盘的节奏往上拉，只有当大盘上涨的趋势发生了根本性的改变时，个股才会停止上涨步伐。90% 以上的股票，都是按照大盘的趋势来运行的。这一点，散户务必记住。

也就是说，当一轮上涨的行情开始后，散户买进股票，中途不管个股如何震荡调整，只要大盘上涨的趋势没改变，就必须坚定地持住股。只有当大盘一轮上涨的行情结束时，大盘上涨的趋势改为下跌的趋势时，我们才可以卖掉自己手中的股票。

买股票要慎重，不能随便买，更不能乱买。只有在分析了诸多因素，这些因素符合买入股票的标准时才能买入。一旦买进，就不能轻易地把股票卖掉，要坚定地持到行情结束、大盘逆转。只有当大盘逆转时，才能卖掉股票。

3. 大盘在上升通道中散户不要怕庄震仓

买进股票后，不管个股如何波动，只要大盘在上升通道中，就不要怕庄家震仓、洗盘。庄家在拉升前、拉升中，都会想方设法地通过各种手段把散户震走，一旦把一部分散户震走后，庄家就会迅速地把股价拉起，直到拉到获利的目标价为止。

因此，我们只要搞清楚了庄家的真实意图和拉盘手法，就不会惧怕股价的涨跌与震荡。在震荡中，我们要坚定地持住自己手中的股票，只有当庄家出货时，我们才能卖掉自己手中的股票。

4. 大盘在上升通道中散户不要被利空消息吓倒

买进股票后，只要大盘在上升通道中，散户们就不要惧怕庄家放出的各种利空消息。因为，庄家在拉升前为了把散户震走，就会放出各种利空消息来恐吓散户，以利于瘦身把股价拉得更高，获得更多的利润。例如，2014 年 5 月 8 日笔者买进黑猫股份后不久，就有媒体放出消息，说该公司在施工中，因矿洞出现塌方，造成数人死亡。这一消息公布后，股价确实下跌了 10%，许多散户看到股价下跌就纷纷卖掉自己手中的股票，但笔者心里明白这是庄家要的伎俩，便一股也没卖。没过几天，股价又开始上升。这只股票买进后一直持到 2014 年 10 月 16 日，此时，上涨的行情已基本结束，才把手中的股票全部卖完。笔者拿 10 万元资金，以 4 元的价格买进，8 元的价格卖出，共获利 10 万元，利润率 100%。

5. 正确对待大盘和个股的调整

散户买进股票后，要正确对待大盘和个股的调整。股市里有一句名言：“没有只涨不跌的股市，也没有只跌不涨的股市。”这句话告诉我们，不管哪个国家的股市都处在震荡之中。所以散户应该明白大盘涨一段时间后就会出现调整，个股涨一段时间后也会向下跌。关键是要明白大盘和个股是震荡上行，还是震荡下行：若是震荡上行，就坚定地持住股票；若是震荡下行，就毫不犹豫地把自己手中的股票卖掉。

6. 金牛股在上升通道中不要作高抛低吸

当我们买进金牛股后，只要该股在上升通道中，不管其如何震

荡，都要坚定地持住，不要作所谓的高抛低吸。有人曾经问过巴菲特："你为什么在买进股票后不作波段？那样的话你不是会得到更多吗?"巴菲特回答说："我不能像小蜜蜂一样，今天在这朵花上采蜜，明天在那朵花上采蜜。"这句话虽然没有明确回答，但也告诉我们，炒股者要坚定地持住价值股，绝对不能中途随便换股。

散户买进金牛股后，如果不坚定持住，而追求高抛低吸，这在理论上似乎可以挣到更多的钱，实际结果却往往并非如此。如果在上升通道上作高抛低吸，那么很可能出现以下几个结果：

（1）把股票作丢了。许多散户本想获得更大的利润，但由于认为股价已处于高位，便把自己手中的股票卖掉。本想在调整后，低位再把股票买回来，但是，该股并不调整，而是继续上涨，他又怕追涨，被套住，就不敢再买回已卖掉的股票，这样，他就把自己的股票作丢了。

（2）把高抛低吸作成了追涨杀跌。不少散户本想通过作高抛低吸赚更多的钱，但由于存在一个不良心理，即见到自己的股票涨，就高兴，见到跌，就害怕；见到股价上涨，就买入或加仓，股价下跌时，就卖掉股票或减仓。这就出现了追涨杀跌现象。

（3）把成本越作越高。许多散户希望通过高抛低吸把成本作低，但事实上却越作越高。因为，阶段的高点和调整后的低点，只有当走出来后才知道，途中很难判断，散户基本上判断不了。所以就会把成本越作越高。

四、如何卖出金牛股

股票的操作说起来也很简单，就是买进和卖出。前面已经讲了怎么样买进，本部分重点谈一谈如何卖出金牛股。

1. 卖出金牛股的时机和位置

卖出金牛股首先要把握好时机，其次要掌握好位置，二者相辅相成。从哲学的高度来说，股票是在一定的时间和空间中运行的。从时间上来说，卖出股票往往是在大盘和个股一轮上涨行情结束时，也就是说，当大盘由震荡上行转变为震荡下行，由牛市转向熊市开始时，此时，就是卖出股票的时机。

卖出金牛股的位置往往是较难把握的，那么怎样才能把握卖点呢？从理论上来说，任何一个庄家，当他把股价拉到超过建仓成本价50%以上时，他随时就可以出货。但由于行情和大盘的因素，他又不会轻易地出货。他是否出货，要取决于大盘的涨幅和调整，如果大盘上涨趋势没有改变，他是不会出货的，个别情况例外。大牛市中，庄会把自己的股票价格拉升2~16倍；小牛市中，庄会把自己的股票价格拉升1~6倍；震荡市中，庄会把自己的股票价格拉升30%~300%。

因此，准确判断庄家是否出货是一个很难做到的事情，但我们又必须精确地把握和判断庄家是否已经开始出货，这一点对散户来说是十分重要的。

从理论上来说，庄家开始出货的点位，就是我们散户的卖点，也就是开始卖金牛股的点位。

2. 卖出金牛股的标志性技术图形

如图8－10。生意宝从2013年8月28日到顶后，先打压后拉升开始出货。

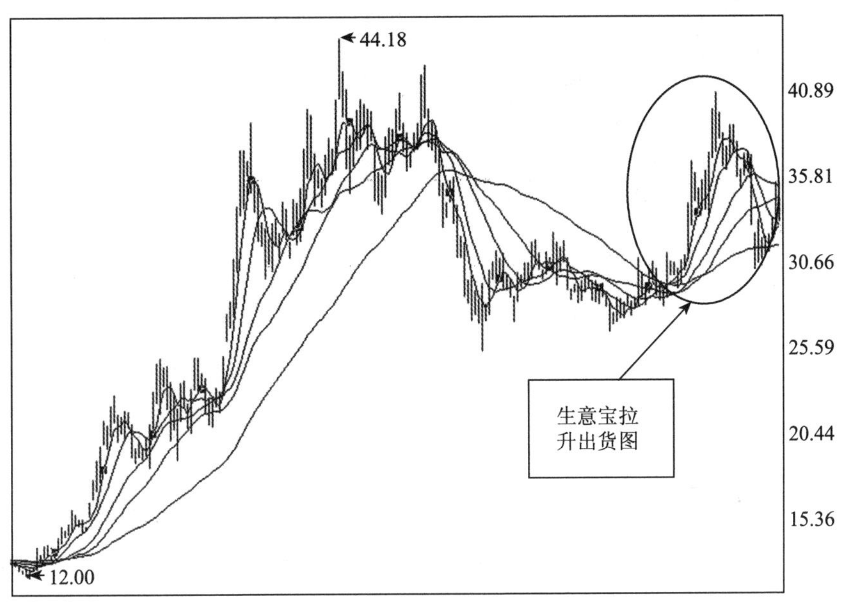

图 8－10　生意宝出货图（时间：2013.08.28—2014.02.11）

3. 卖掉金牛股的方法

（1）分批卖掉金牛股

卖出金牛股一般分两次，第一次卖掉 60%，第二次再卖掉 40%。

（2）出现见顶信号时卖掉金牛股

当大盘和个股出现见顶信号时，卖掉金牛股。如图 8－11。

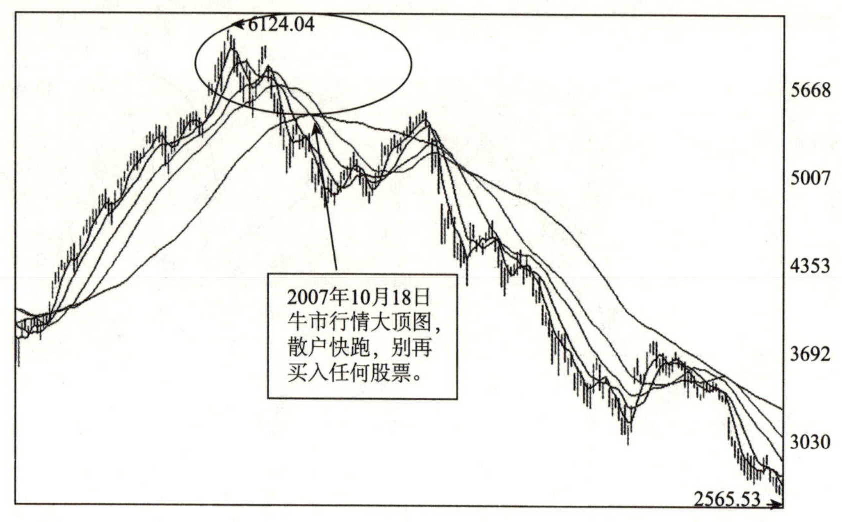

图8－11　上证大盘2007年10月16日见大顶6124.04点。此时，散户必须卖出手中的股票

4. 卖掉金牛股要果断

买股难、持股难，卖股也不容易。散户一旦决定卖股，就不要犹豫，要坚决卖出。因为庄家进场建仓、拉升，就是为了赚钱，绝不是来恩赐散户的，一旦他们把股价拉到预期的目标价格，他们就会毫不手软地出货。这里，不存在半点温情。

但我们有些散户在心理上却存在天生的弱点，往往把庄家的建仓看成出货，又把庄家的出货看成建仓，这就让人非常担心了。还有些散户在跟庄初期还比较清醒，但跟着跟着却糊涂了，他们忘记了庄家的存在，忘记了庄家还会出货，竟然安心地成为公司的长期股东。笔者有位股友，在2005年9月至2007年10月的大牛市中，以50万元的资金买进，账面一度增加到108万元。他又认为，上证大盘可以涨到12000点，因此幻想着他的账面总金额会增加到150万元以上。于是，他就把股一直拿在手里不卖。当大盘发生逆转后，

庄家出完货，他还没有把手中的股票卖掉。结果，股价一路下跌，直到亏了10万元还没有卖掉。按他的说法，当时，他已经傻了，脑子进水了，不知道怎么办了。

更有甚者，有位姓林的股民，在高位庄家出货时，他已经把手中的股票卖掉了，但看到股价又上涨了10%，他忍不住，又重新买了进去。结果，当天买进，不能交易，当天的下午，庄家拼命打压股价，就被套住了，第二天又大幅度低开，结果是越套越深，直到任庄家宰割。

所以，在股市中庄家与散户的博弈是异常激烈的，这里不能有任何温情和犹豫。

第九章　如何正确认识金牛股的运行轨迹

世界上一切事物均在一定的轨道上运行，地球沿着自己的轨道围绕太阳转，月球沿着自己的轨道围绕地球转。股市中，每只股也有自己的运行轨迹，金牛股也如此。每只金牛股一个完整的运行周期一般包括建仓—试盘—震仓—拉升—洗盘—出货六个阶段。

一、金牛股的建仓

当大盘和个股经过长时间的下跌，跌到一定位置时，金牛股的庄根据经济运行周期和国家货币政策变化的情况，判断是建仓的好位置时，就会去建仓。金牛股建仓时间一般较长，有的股在底部建仓可以持续3~5年，有的1~2年，有的4~10个月。

2011年10月10日—2014年1月15日，金证股份在底部建仓时间达三年之久。之后，一飞冲天，股价从8.97元涨到269元。

金证股份小阴小阳在底部建仓达三年多的时间，说明庄建仓、吸收筹码是件相当不容易的事。庄建仓时，会慢慢吸筹码，量柱变小无量，就是一条干窟河上的小石头，摆成一排。如图9-1所示。

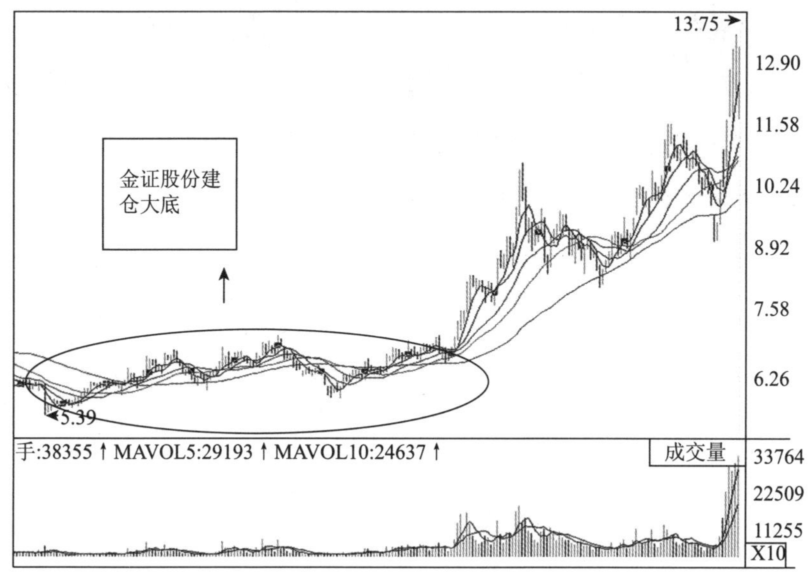

图 9－1　金证股份底部建仓图（时间：2012.07.16—2013.01.28）

小阴小阳线长时间横在一条横线上，或者在一个上下震荡不超过 30% 的箱体中运行。一般小阴小阳横盘 6 个月以上，则庄家肯定已经在此价位建仓。

二、金牛股的试盘

金牛股的庄经过长时间的建仓后，从散户那里收集到了大量筹码，只要筹码收集到 40% 以上，庄家就可以试盘了。试盘的目的有两个：其一，看看散户的表现，在此点位可不可以拉升；其二，收集到一定的筹码，进一步打压散户。试盘的 K 线表现有两种：

1. 向上试盘

某天开盘后，金牛股的庄突然把股价向上拉升，可能拉涨停板，也可能涨 5% 以上。随后几日基本不涨，横几天后，就会跌下来，还会在一个箱体中震荡。

如图9－2。太原重工向上试盘的目的，是为了看看散户的反应情况，是想知道有多少筹码在此位被套，有多少散户想在此位把筹码卖出离场，同时也看看其他庄有什么反应。

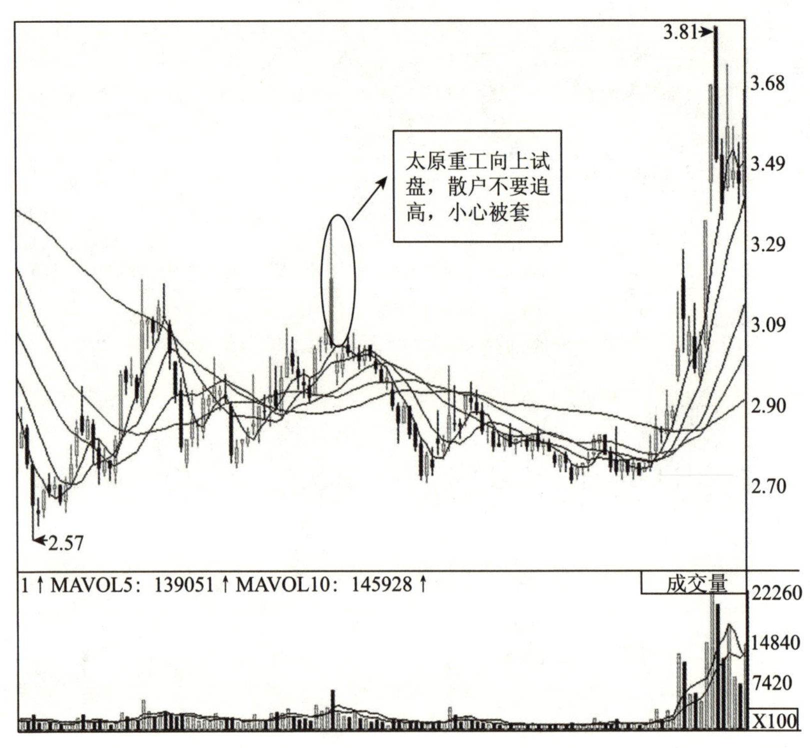

图9－2　太原重工向上试盘图（试盘时间：2014年4月3日）

2. 向下试盘

金牛股的庄某日突然向下猛打压股价，使股价猛跌，也可能跌停，也可能跌5%以上。随后几日基本不跌，横几天后，就会涨上来，还会在一个箱体中震荡。

如图9－3。汤臣倍健的庄向下试盘是为了打压散户，让其把手

中的筹码交出来，自己吸走。这种行为散户要及时识别，不要上当，不要把股票卖在地板上，卖在主力成本价之下。

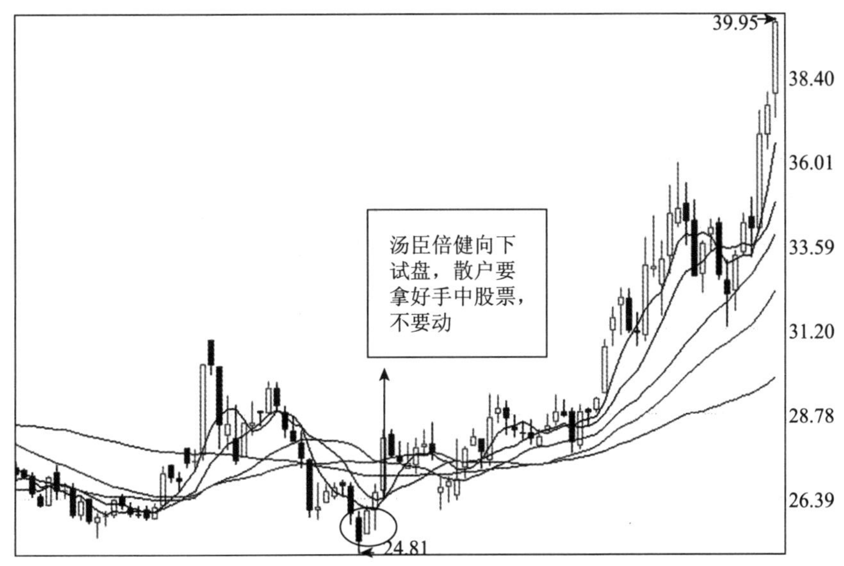

图 9－3 汤臣倍健向下试盘图（时间：2014 年 12 月 30 日）

散户应对庄家试盘的策略是：有股的，持股不动；没有股的，就看看吧，不管它，切不可惊慌失措。

三、金牛股的震仓

金牛股的庄建仓结束后，就准备拉升，在拉升前，庄要把散户震走一些，以便轻身拉盘，这时，就会震仓。震仓的 K 线表现如图 9－4：

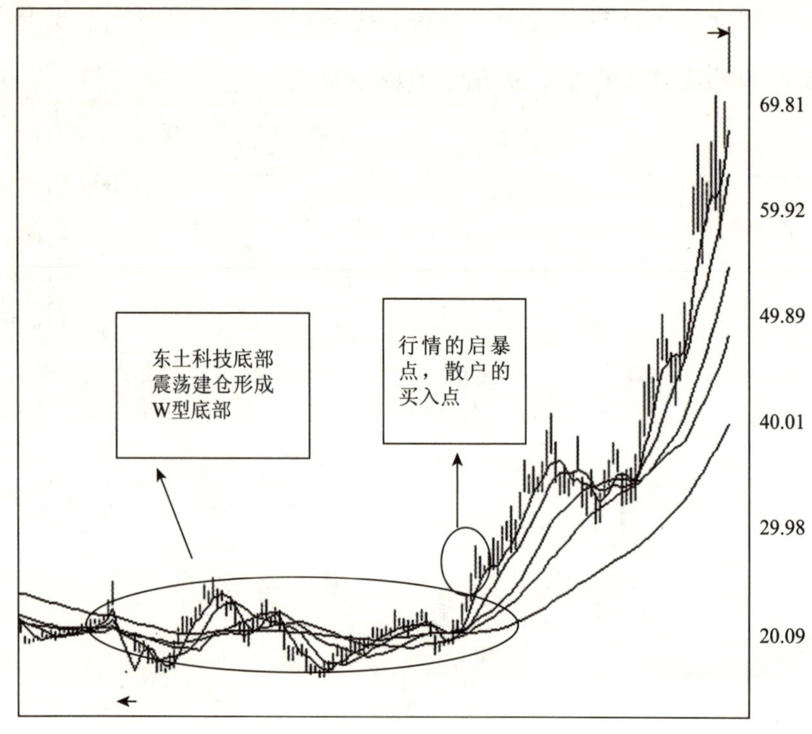

图9－4　东土科技震仓图（时间：2014.10.29—2015.02.10）

东土科技在底部震仓，形成了一个W形，之后，一波快速拉升开始，股价从18.93元涨到61.35元。

东土科技连续大阴线加中阴线往下跌，直到把散户震走一些为止。向下震仓，庄家有可能把股价向下砸30%左右，行话称之为挖黄金坑。大阴中阴线后，小阴小阳线又会持续几天，直到大盘开始向上涨，一轮行情开始或该行业有重大利好时，庄就会在某天放量开始向上拉升。此时，就是金牛股最好的买点。

四、金牛股的拉升

1. 庄家为何要拉升股价

金牛股的庄拉升股价，有其必然性，其目的就是为了获得更多的利润。每一个庄都不是慈善家，他们来股市就是一个目的——赚钱。为了赚钱，庄家必须拉升股价，否则，他们没法出货，不出货就赚不到钱。

2. 庄家拉升股价的几个阶段

金牛股的庄拉升一只股票主要分三个阶段：初期拉升、中期拉升、末期拉升。

（1）初期拉升

金牛股的庄建好仓后，就会在适当时机实施拉升。一般是在该股所在板块出现利好或大盘向上发动新的一轮攻势行情时拉升。

初期拉升是将庄的建仓股，迅速拉升到一定的高度，远离成本区。因为庄要获得利润，就必须使自己股的股价离开成本区，进入获利区，这样庄才能感到安全，才能在今后的出货中获利。在初期拉升中，庄会把股价拉高 10%~30%，再进行一轮调整，待时机成熟后，再实施第二阶段的拉升。

初期拉升阶段有三个特点：其一，股价拉升迅速猛烈，有时在几分钟内完成 10% 的拉升。当许多散户还没注意到该股时，庄已把股价拉到第一目标位，当然也有慢慢拉升的庄家。其二，成交量明显放大。成交量的放大说明，庄拉高股价的决心很大。同时，许多散户由于长期被套，一旦得到解套或获利的机会，就会毫不犹豫地

卖出自己手中的股票，实现套现。散户这时终于盼来了解套的机会，他们并不知道这只是拉升的开始。当然，也有不少散户在接下来几天，股价调整时，会感到幸亏自己卖出了股票。但当庄继续拉升，把股价再次拉得很高时，他们又会后悔：卖早了。真是只要入了股市，就和“后悔”两字打上了交道。其三，K 线走得比较完美。目标股所有的均线系统成多头排列状态，5 日均线托着阳线上涨。当庄初期拉升任务完成后，如果大盘出现暴跌或转向熊市，庄家有可能停止拉升。当然，这种情况比较少见。因为庄一般不会选择大盘暴跌前才刚开始拉升股价。初期拉升结束后，一般庄家会进行一次洗盘，洗盘的幅度在该股股价的 10%~30% 之间。

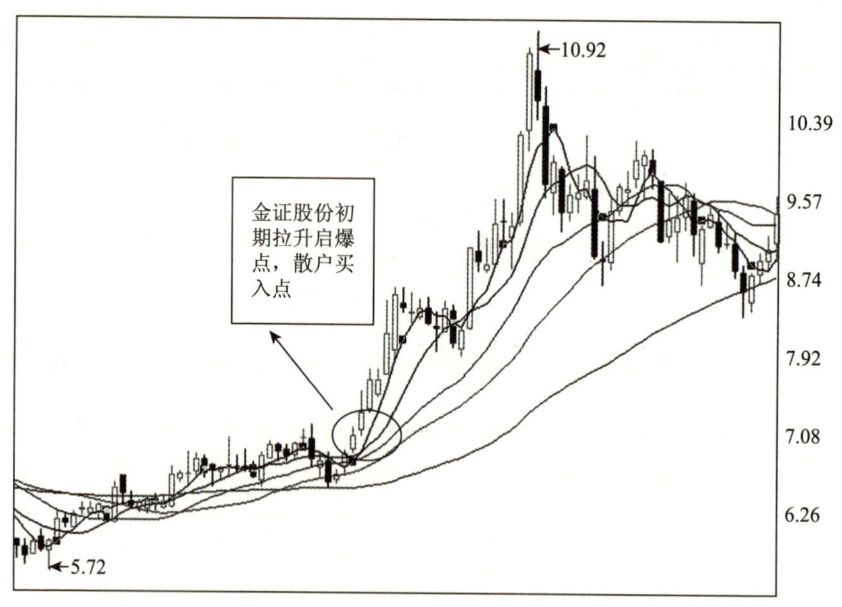

图 9-5 金证股份初期拉升图

（时间：2013 年 1 月 30 日是该股的引爆点和买入点）

如图 9-5。金证股份连续放量突破前期颈线位，散户应高度重视，及时买入。在牛市和震荡市中散户都可以买入，买进后，会有大收获，特别是牛市，在此点位买进，只要能持住股，会得到十几倍以上的利润。金证股份后来从6元一直涨到269元。涨幅4483%。

（2）中期拉升

庄家在完成初期拉升中的调整后，就会进行中期拉升，中期拉升是为把股价拉得更高，使庄获利空间更大，为将来的出货奠定基础。

中期拉升的成交量，开始是温和放大。此时，庄还在吸收散户卖出的筹码，也有些散户跟风进场。这时，就会形成多空双方激烈较量的局面。在中期拉升的中期，会出现拉升、洗盘、再拉升、再洗盘的动作，有时也可能出现三、四轮的洗盘动作。因为庄既不想拉盘时负担太重，动用资金太多，也不想让散户获得更多的利润。所以，庄要把跟风的散户震走后再拉抬股价。在中期拉升尾声段，成交量会极度萎缩，也会出现顶背离现象。因为经过多次洗盘，盘面浮筹已被基本洗清，庄对流通筹码已彻底控住了，在仓位上也已达到坐庄计划的预期目标，也不需要再吃进筹码，只是习惯性拉高股价就行了。这时，庄家已准备出货。

金证股份连续放量突破前期颈线位后，从6元开始连续上涨多日，在2013年7月13日—2014年1月7日期间，在上一个平台进行整理，然后，于2014年1月8日放量上涨突破平台，散户要高度重视此点。在牛市中可以加仓，加仓后仍然要持住股。牛市中只要能持住股，就有希望获得更多的利润，但也要时刻小心庄家的出货行动。

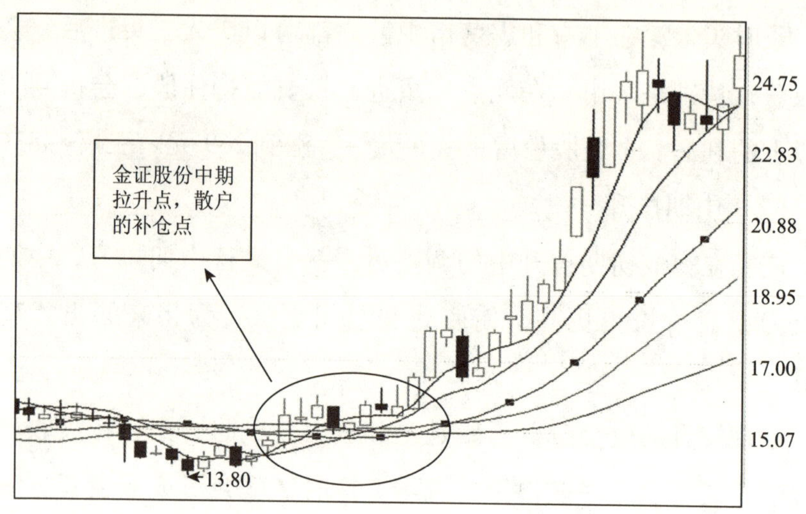

图9－6　金证股份中期拉升图（时间：2013. 12. 23—2014. 02. 07）

请散户务必记住：一旦发现某只个股在高位突然出现大幅度缩量上涨时，脑海中必须马上反映出行情已到最后拉升阶段，必须准备卖出自己手中的股票。这时再不小心，就很容易被套在高位，损失将是非常大的。

（3）后期拉升

中期拉升结束后，股价已较高，庄已完成了主要的拉升任务。此时，大盘的上涨已接近尾声，快到大顶了，市场情绪已空前高涨，有时就连卖菜的老太太也关心起股市，也想买股。当然，一般的散户并不知道危险就要来临。庄为了获得更多的利润，为了出货更加顺畅，就使尽浑身解数放出许多利好消息，继续拉高股价。

庄末期拉升的唯一目的就是两个字——出货。这一阶段对散户来说非常危险，如果你贪婪心太重的话，那么将有可能被深深套牢，损失将非常之大。所以，如果你没有过硬的实盘操作功底，此阶段最易被庄使出的各种招数击中。

散户切记！此阶段对你们来讲，已是最危险的阶段。对于没有进场的散户来说，此时某只股票股价就是继续拉升，也不要追高买入了。一旦在此点位进场，庄很可能调头下跌，套你没商量。

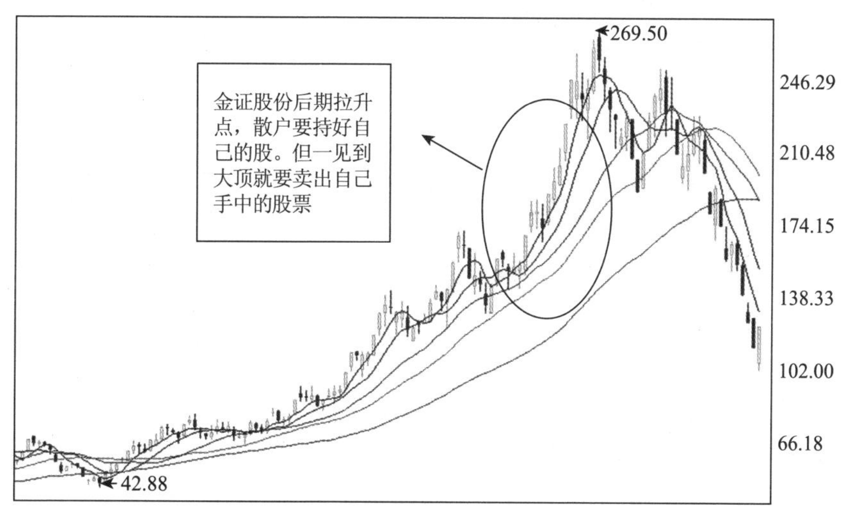

图9－7　金证股份后期拉升图（时间：2015.01.13—2015.05.19）

金证股份的后期拉升是十分猛烈的，股价一般在5日均线之上运行，经常会拉出大阳线或中阳线（如图9－7），散户此时应持股待涨，不要乱动。特别是在牛市中，散户不要自己认为该股已经涨得太高了，就主动卖出，结果等卖出股票后，股价又继续高涨。牛市中要坚持牛市不言顶的原则，只要大盘没见顶，不管个股涨得多高，都有可能继续上涨。金证股份从6元一直涨到269元，涨幅4483%，就是一个很好的例子。但一见到大顶，散户就要卖出自己手中的股票，不可犹豫不决。

末期拉升又分两个阶段：

第一阶段——末期拉升的初期

进入末期拉升的初期，最显著的特征就是股价飞快地大幅度上冲。一方面，庄为了使所有的散户持住股，不马上离场，他就必须让散户看到赚钱的希望，故意拉高一下股价；另一方面，也给那些在场外观望多时的散户造成一种踏空—再踏空—再痛苦的逼空态势，使他们彻底认错，从而使他们在高位接盘。看看庄有多狡猾、多凶狠，散户一定不要在此处作所谓的高抛低吸，弄不好会赔得很惨。高处不胜寒啊！

散户要永远记住，买股票要买低位的，要买在主力建仓成本之下。特别是那些所谓的“短线高手”，请你们不要在此处显身手。

此阶段的成交量呈不规则的表现，时而放大、时而缩小，显示出庄虽已控盘，但有一些小规模的隐藏派发动作已出现。

这一阶段非常考验散户心理。不少散户持股过于谨慎，他们受不了天天上涨的震荡，一赌气，卖掉股票，憾然离场，他们没有赚到最后疯狂拉升的利润，这就是所谓的晚节不保吧。

另一个极端则是一些散户在此时此位贸然进场，则有可能造成巨大的损失，甚至倾家荡产。2007 年 9 月上旬，当上证大盘涨到 5000 多点时，广东不少小老板把公司经营实业的钱拿出来炒股，在高位买进股票后，被深深地套住，结果损失惨重。

第二阶段——末期拉升的尾声

末期拉升的尾声阶段，是散户离场逃生的最后机会。如果此时不逃，后果将非常悲惨。此阶段成交量急剧放大，场外那些多时犹豫不决的散户，终于忍耐不住买股的冲动，进场了。他们并不知道此次行为，也许是他们人生中最错误的一次行动。与此同时，庄家此时已经兑现了部分筹码，正在悄悄离场。

此阶段震荡幅度加大，但总体涨幅却在收窄。此现象表明散户们正在疯狂地进场，疯狂地接盘。他们已经被所谓的利好消息冲昏

了头脑。庄此时却异常冷静，他知道在他筹码全部兑现之前，他要维系股价在一定的高度，才不至于崩盘。所以，此时股价既不会有过高的涨幅，也不会有过大的跌幅，庄要尽可能快地把自己手中的获利筹码卖给散户。

此阶段，互联网、手机微信上利好消息不断出现，报刊、电视、广播都在鼓吹该股的业绩将大幅提高，股评家们此时也在高谈阔论该公司的前景如何好。所有这些，都是为了一个目的——让庄出货。

以上其实是对所有散户发出的警告：此时再不撤离火线，就有生命危险。决不能在此时抱有任何自以为是的幻想，唯一的选择就是卖掉股票，落袋为安。

3. 拉升阶段散户要持好股，不要作高抛低吸

拉升阶段，散户为什么不要作高抛低吸呢？原因有三：其一，拉升阶段，股价上涨既快又高，如果作高抛低吸，有可能追不上庄家的拉升速度，把该股作丢。其二，股市中最难判断的就是短线，而作波段往往是对短线的判断，这是很难判断准的，一般散户既判断不了股价某一阶段的高点，也判断不了股价某一阶段的低点。所以，他们作高抛低吸往往就作成了追涨杀跌。其三，每一次买进和卖出都要付出一定的费用，往往你想通过作波段来降低成本，却变成了把成本越作越高。因此，我们不主张在股价拉升阶段作所谓的“高抛低吸”的波段。

五、金牛股的洗盘

金牛股同其他股票一样，在拉升股价时，也经常面临着洗盘，具体洗盘方式有以下几种：

1. 向下洗盘

金牛股的庄建完仓拉升一段后，就会洗盘。洗盘的目的是把一些不坚定的散户洗走，庄好轻身再往上拉高股价。往下洗盘就是庄小规模拉升之后，突然以一根或多根中大阴线往下打压股价，使股价往下跌5%~20%。不少散户刚买进金牛股，刚获得一点利润，一根大阴棒往下一打，确实被吓得不轻，有的散户就会割肉止损。其实，此时不必惊慌。对付庄向下洗盘的办法有两种：一是补仓，在股价跌到15%时先补点仓，等跌到25%时再补点仓，从而摊低成本。等股价上涨后，就会解套。二是持股不动，等一段时间，庄自然会把股价拉上来，这样就解套了。但散户一定要分清大势，在牛市初期和中期不怕套，震荡市在主力成本附近套住也不怕，但在熊市和牛市末期被套住了，就应坚决割肉离场。

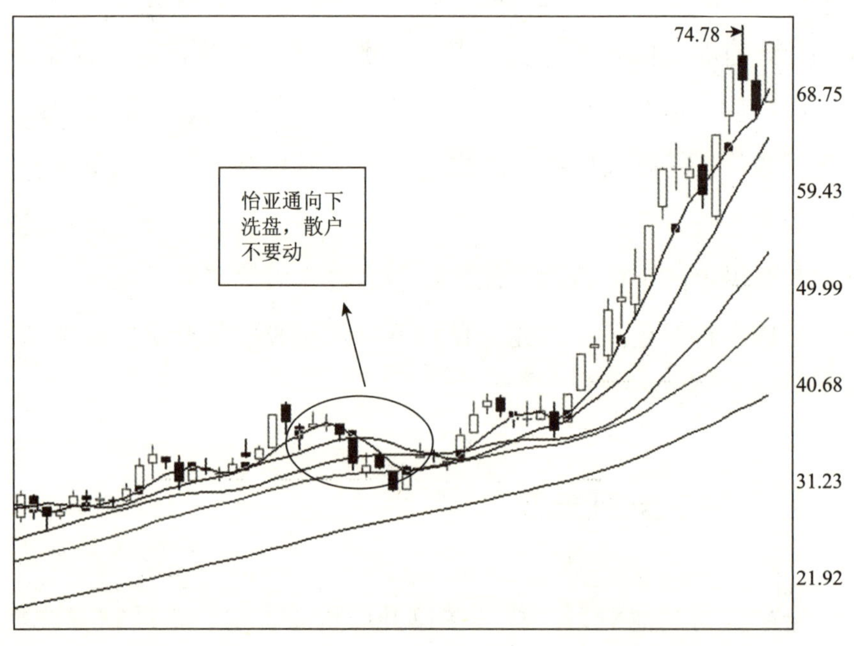

图9-8　怡亚通向下洗盘图（时间：2015.04.08—2015.04.20）

图9－8是怡亚通向下洗盘图，怡亚通向下洗盘的目的就是把散户在途中洗走，然后轻身再往上拉升股价。怡亚通向下洗盘8个交易日，不坚定的散户走了，其后的利润就享受不到了。所以，只要趋势不变，就不要怕庄洗盘。

2. 向上洗盘

向上洗盘是庄的一种不得已的洗盘方式，其特征是：金牛股的庄向上攻击，通过开盘高挂股价的方式，高开后往上拉升股价，吸引获利散户抛出自己的筹码，然后从上到下把股价再打下来，形成剧烈的震荡，再吓走一些散户。从表面上看，这有点像见顶出货的样子，有的散户见到这种图形，以为该股到顶了，就会卖出自己手中的筹码。其实，这是庄要的小手段，目的是让散户抛出手中的筹码走人。

向上洗盘一般是在大盘向上拉升的牛市格局中，金牛股的庄为了让散户离场，采取的一种特殊洗盘方式。此时，散户做多的热情很高，即使被套住后也不想割肉离场。所以，庄就想出这种办法来对付散户，目的只有一个，就是让散户交出筹码走人，他要轻身拉高股价。

如图9－9所示，国际医学向上洗盘也是为了把散户洗走一些，以便再往上拉升股价。散户不要为一点小利而走，把自己所持的金牛股作丢掉。牛市中最大的错误是把自己持有的金牛股，中途作丢了。

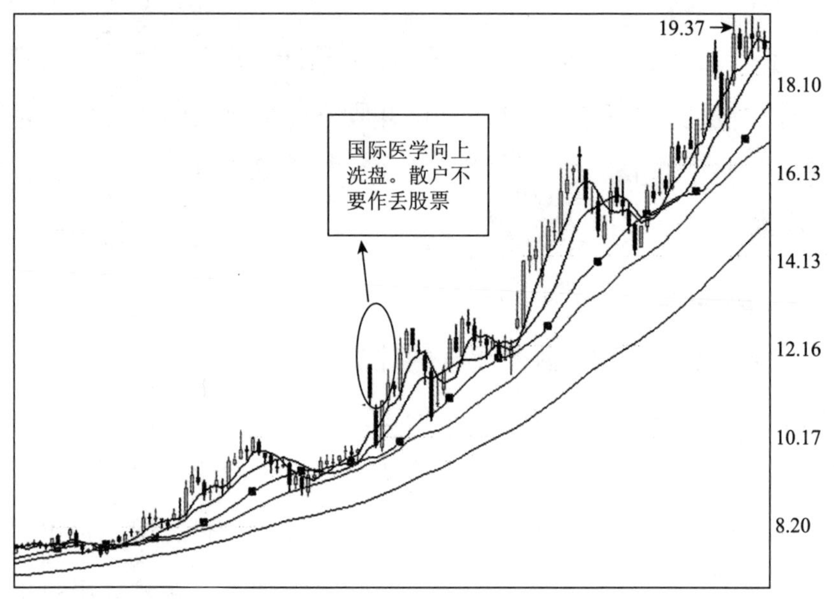

图9-9　国际医学向上洗盘图（时间：2014.12.08）

3. 横盘整理洗盘

金牛股的庄把股价拉升到一定高度后，突然股价不涨了，之后是不温不火的横盘，这种横盘就称为横盘洗盘。横盘洗盘时间不等，有时3~8天，有时20~30天，只有做到把许多没有耐心的散户震走，才开始拉升。金牛股的庄家一般特别有耐心，反正做一次庄不容易，只要牛市不结束，他可以做个3~5年不出来。

但不少散户可没有耐心，股价3天不涨，他就坐不住了。不是心里犯嘀咕，就是开始骂庄。有时实在忍耐不住了，就一走了之，还振振有词地说："老子可不受他折腾了。"其实，他这一走，庄可就太高兴了，庄瘦身的目的达到了，之后，就又开始拉升股价了。牛市中的最大悲剧，就是自己把手中的金牛股给作丢了。

如图9-10，同花顺横盘洗盘时间较长，洗走了不少散户，这些

散户没有得到最后丰厚的利润。但走了的散户，最好不再追回，弄不好在高位被套住，那就更悲惨了。

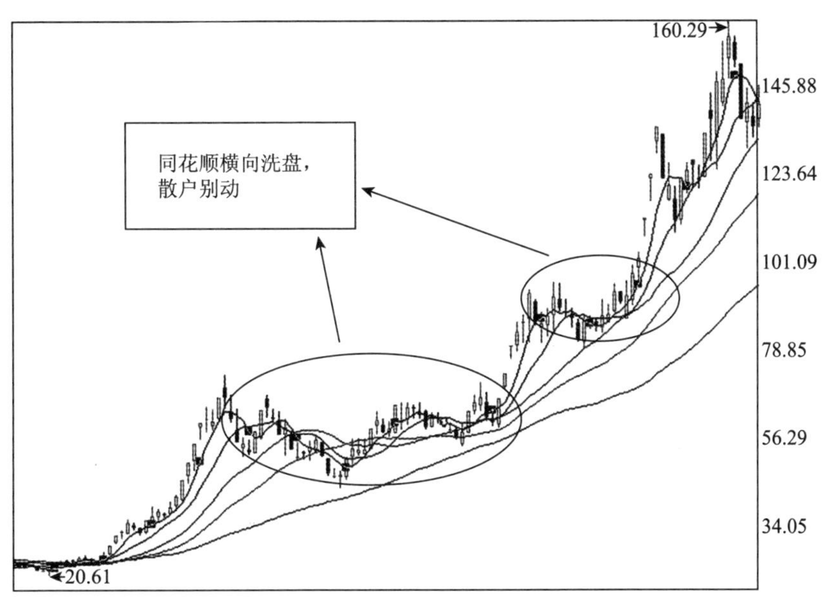

图 9－10　同花顺横盘洗盘（时间：2014. 11. 15—2015. 02. 10）

4. W 型洗盘

W 型洗盘是庄在洗盘中力度较大、时间较长的一种洗盘，它的 K 线图形呈 W 型。此种洗盘往往是中期洗盘，洗完后，股价一旦进入后期拉升，上涨的速度就会加快，往往庄在拉升末期非常疯狂，经常会连续拉出大阳线。

如图 9－11，航天动力 W 型洗盘后，股价上涨速度明显加快，振幅也明显加大。往往在这一阶段散户容易被震走。被震走了，后面的利润就无法得到。因此，散户要坚定持股信念，大盘不到顶就坚决持住。

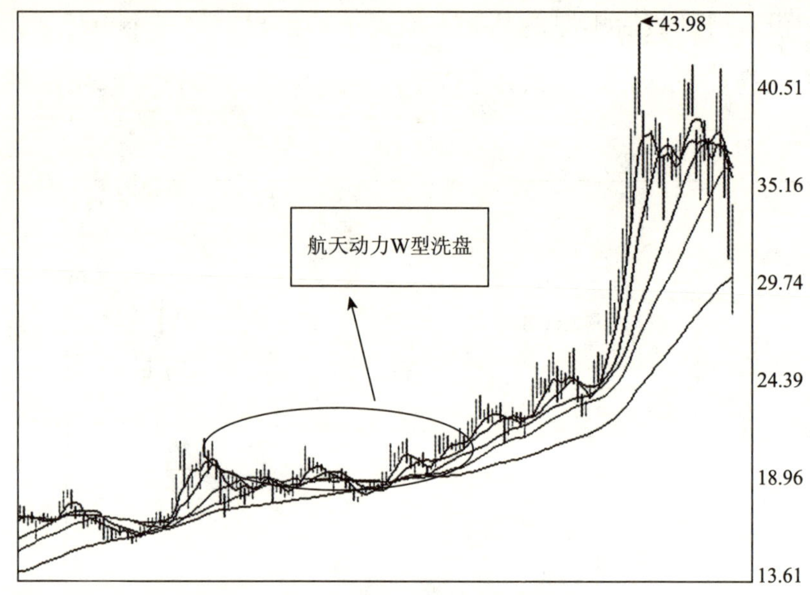

图9-11　航天动力W型洗盘图（时间：2014.12.16—2015.03.05）

5. 金牛股庄家洗盘与出货的区别

（1）成交量不同。洗盘时成交量萎缩，出货时则放大。

（2）震荡幅度不同。洗盘时震荡幅度较小，出货时振幅则较大。

（3）均线发散趋势不同。洗盘时均线仍然呈向上发散趋势，多头排列；出货时均线开始呈向下发散趋势，进入空头排列。

（4）庄家的护盘度不同。洗盘一般在中低价区不破10日均线，在中高价区不破20日均线（或者30日均线）；出货一般会迅速下破5、10日等短期均线，且在高位出现死叉。

（5）日K线阴线的杀伤度不同。洗盘一般不会连续拉出中、大阴线，顶多拉2至3根中（小）阴线；出货时经常连拉多根中（大）阴线。

（6）股价的下跌空间不同。洗盘下跌一般小于30%，出货下跌一般大于50%，甚至在60%以上。

（7）当天内盘与外盘的成交比不同。当天外盘和内盘成交量比：洗盘时内外盘成交差不多，出货时一般内盘大于外盘，且常有大卖单出现。

（8）打破重大关口后庄的表现不同。若打破重大关口，洗盘庄会重新买入，出货则不会再买入。

（9）大盘的位置不同。个股洗盘一般是在大盘一轮上涨行情启动的初期或中期，出货则是在大盘上涨行情的后期或大盘已经结束上涨行情，开始进入下降通道。

（10）消息面上。洗盘时会有较多的利空消息，出货时会有较多的利好消息。庄放出的消息，往往正好与事实相反：在个股的底部，庄为了从散户手中吸取筹码，就放出坏消息，吓唬散户把手中的筹码交出来；而高位他们已获大量浮盈时，为了实现真正的盈利，就放出利好消息，让散户接他们抛出的筹码。

六、金牛股的出货

出货是整个坐庄行动中最为关键的一个环节，前期的所有工作都是为了出货。一旦出货环节上出了问题，导致筹码无法顺利派发到散户手中的话，坐庄就会全盘失败，之前的一切哪怕做得再好，也是枉然。

正是因为出货行动关系到庄的生死，所以出货行动都会进行得非常保密。

其他时候，庄家是允许放出一些风声的，唯独在出货时，绝不会透漏半点消息，这是庄操盘的铁律。

1. 庄家何时实施出货

庄家喜欢在大势相对平静、大盘总体向上时进行有预谋、有计划的出货行动。因为，此时场内买进做多的气氛相当浓烈，为庄秘密派发筹码奠定了良好的基础。

当大盘发生系统性暴跌风险时，庄会被迫放弃坐庄计划，采取不计成本的凶狠手法，不顾一切地砸盘出局。如 2007 年 5 月 30 日，著名的“5. 30”暴跌行情就是典型的范例。该种情况虽是庄散双方都不愿意看到的情况，但却不得不防。此时绝不可以拿简单的庄家成本来判断其操作意图，因为面临大盘暴跌风险时，庄家首先考虑的也是先保住自己的本金。

2. 庄家出货的方式

（1）拉高式出货

拉高出货，就是“边拉边出”。实施此方式时，一般庄所操控的那只股的股价，已超过预期出货目标价的 10% 以上，庄有较大的空间玩弄操盘技巧。庄先在高位吃进一些筹码，然后进行对倒放出巨量，跟风盘看到盘口显示出的均为主动性买盘，便认为主力仍在买进拉升，自认为风险不大，所以会继续持股待涨或大胆加仓。之后，庄就会逐渐出货，把筹码悄然、从容地交给跟进的买盘。

如图 9 - 12，北方稀土拉高出货，该股于 2011 年 5 月 5 日见顶后，除权拉高出货持续近一个月的时间。庄出货完毕后，股价大幅下落。

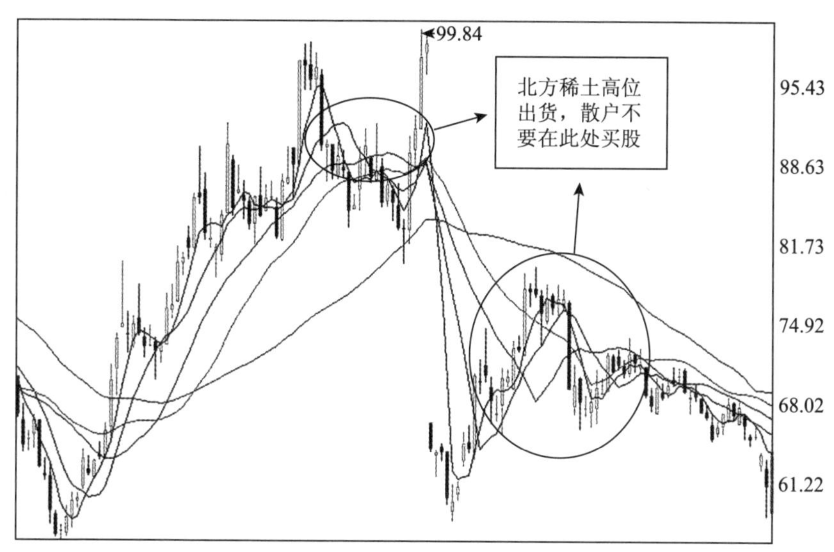

图 9－12　北方稀土拉高出货图（时间：2011.05.05—2011.06.06）

庄在此高位买进的，的确是真实的买入筹码，但庄采用的是如买进 20 万股、则卖出 60 万股的手法来蒙蔽散户的视线，以达到让跟风盘托住股价，同时自己却可以实现在次高位出货的目的。很多散户自以为聪明地揣摩庄家的买进成本，觉得庄家在这个位置依然在买进，怎么可能说出货就出货呢？其实，庄家和散户的操作技巧是有区别的，他们有时也会违背“低买高卖”的原则而去“高买低卖”，当然，庄家是不会傻到去做赔本买卖的，只是这其中买和卖的数量是大不相同的。所以，看问题要看本质，不能只看表面现象。

因此，当股价经历一段时间及幅度的上涨后，如果在高位出现不规则放量，并且 K 线形态经常带有长上影线迹象的话，就必须高度警惕了，散户这时应立刻卖出股票离场。

（2）涨停板出货

金牛股的涨停出货是拉高式出货的一种变形。金牛股的庄家利用大盘走势相对较强的某一天，趁机将自己手中的股票拉到涨停价位，并堆积上巨大的买盘引诱散户买进，等到排队等候的散户买盘到了庄家所期望的数量时，庄家就利用时间优先的交易规则逐步撤掉最初自己挂出的买单，放在买盘的最底下，紧接着就转手卖空。那些原本以为排队到下午也未必能成交的散户，一下子就莫名其妙地全部插队成功了，他们深感疑惑的同时也察觉到了不妙，不过可惜，一切都晚了。所以，散户遇到涨停板出货时要格外小心，不可乱追高。同时，在这个位置尽量不作短线操作。

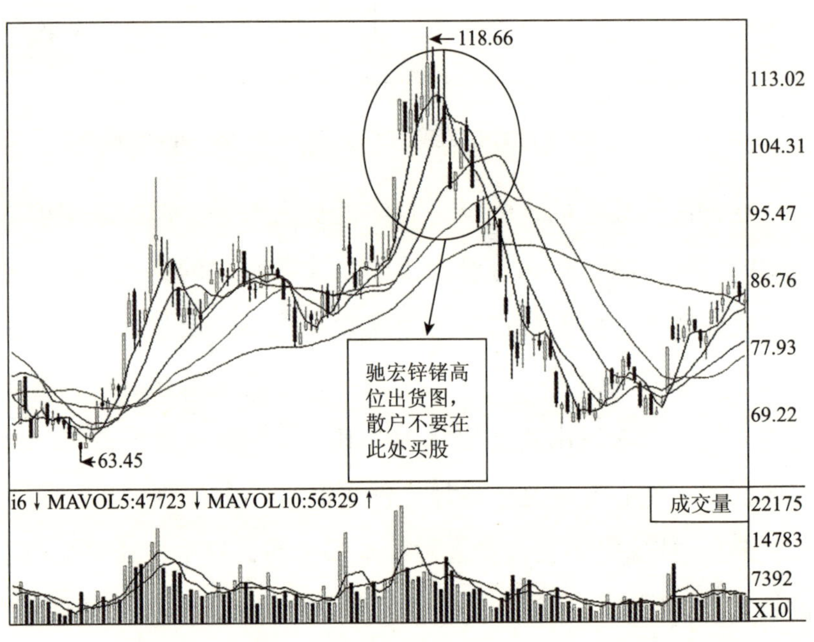

图 9－13　驰宏锌锗涨停出货图（时间：2007. 10. 12—2007. 10. 22）

如图 9－13，驰宏锌锗的庄在出货时还猛拉升，出现连续涨停的图形。对这种出货方式，散户要格外小心，因为一旦出货完毕，股价跌的速度就会非常快，往往是散户还没有反应过来，股价已跌了 30%，把散户套得牢牢的。所以，一旦发现拉涨停出货方式，散户

也要在涨停中出货，把自己手中的股票卖掉，真正把钱赚到手。

（3）缓攻出货

缓攻出货是庄拉高出货的另一种手法。操盘手会在各个买盘位置全部堆砌上几百手甚至几千手的大买盘，同时在各卖盘位置上堆上相对较不显眼的卖盘，并通过适当的操作技巧维持股价的缓慢盘升。在如此明显的数笔大买单的暗示和诱惑下，时间久了肯定会有不怕死的散户冲进来购买，这就是一个姜太公钓鱼——愿者上钩的局，庄家是抱着卖一点算一点、来一个杀一个的心态在钓鱼。

有的散户也许会问，买盘上全是庄家自己的单子，万一有人照着买单砸，庄家不是就吃进了吗？这其实是一个涉及到心理学的问题。一般来讲，庄家摆出这样的布局，营造出买盘汹涌的气氛后，散户肯定会受到迷惑，即便有想卖的散户，也总是希望自己的股票卖在更高的价位。庄家是心理学方面的高手，他们绝对清楚在什么地方、用什么方法激发出散户们的人性弱点。所以，千万不要为庄家去担心，担心自己就行了。

如图 9－14，西山煤电缓攻出货，该股是当年的金牛股，股价从 4. 23 元涨到 77. 77 元，然后开始出货，出货的方式很有特点，即缓攻出货，慢慢拉升出货。该股持续了一个多月才把筹码卖给散户。也不知哪些散户胆子这么大，敢在这么高的位置上接盘。

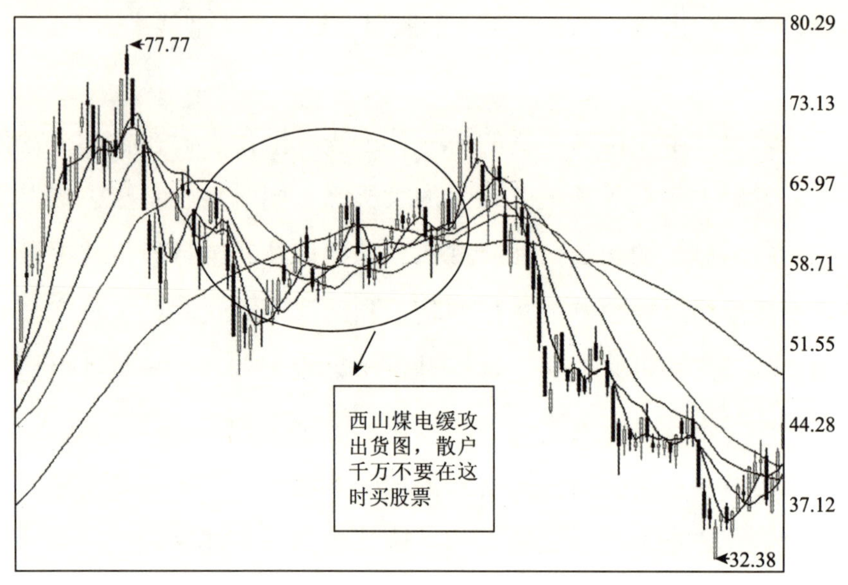

图 9－14　西山煤电缓攻出货图（时间：2005.11.06—2007.10.17）

（4）小单缓跌出货

有些金牛股的庄在大盘还没有见顶时，就把股价拉到出货的位置了，由于出货时间充裕，庄就会采用小单缓慢出货的方式出货。每次只卖出 2000 股、3000 股，碰上这样的超级慢性子庄也是很头疼的，因为，所有的出货行动，都是在平静中悄然进行着。庄家在慢吞吞地卖，散户在乐呵呵地买，货出完了，散户们正好满仓。

这种出货方式虽不多见，但某一天你发现那只股始终呈缓跌状态，成交看似也不太大，可是股价中心却在不经意间逐渐不断地下滑，那就要注意了。如果经核实该股在前不久的确曾有过一段大幅飙升的行情，那么，传说中的慢性子庄家或许就被你给碰上了。

如图 9－15，云南铜业在 2007 年 10 月 8 日见顶后，就开始缓跌出货，出货速度较慢，出货时间持续两个多月。在这一出货阶段，散户千万不要买云南铜业。

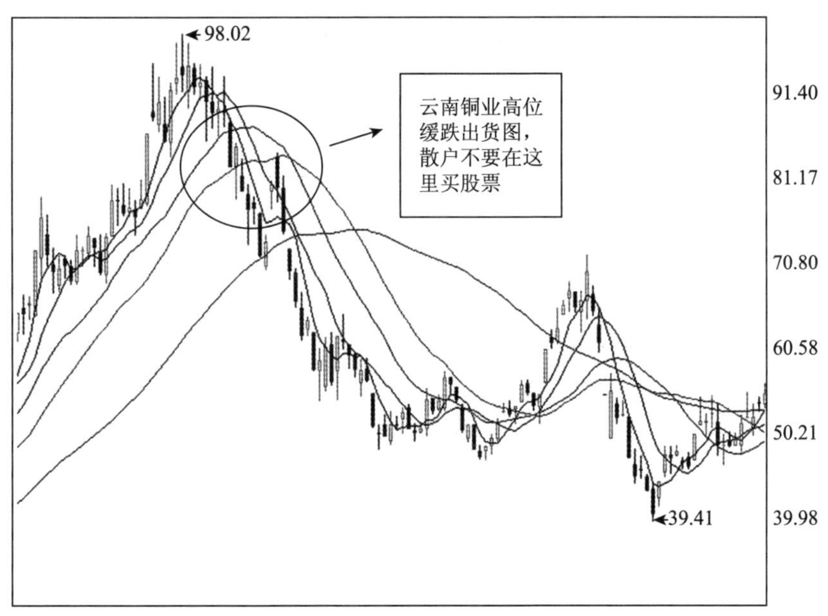

图9－15　云南铜业缓跌出货图（时间：2007. 10. 08—2007. 10. 26）

（5）横盘出货

金牛股的庄将股价拉升到预定的出货价格区域后，如果大盘处于牛市及资金状况允许，他们会将股价维持在一个相对的高位进行横盘整理，使得尽可能多的筹码能卖在最高的价格上，以便获得更多的利润。

盐湖股份横盘出货见图9－16，该股在2008年4月17日，创历史新高后就开始了出货活动，一直横盘一个多月的时间，直到把货出完为止。当庄家把筹码都卖给散户后，由于没人护盘，股价猛跌下来。

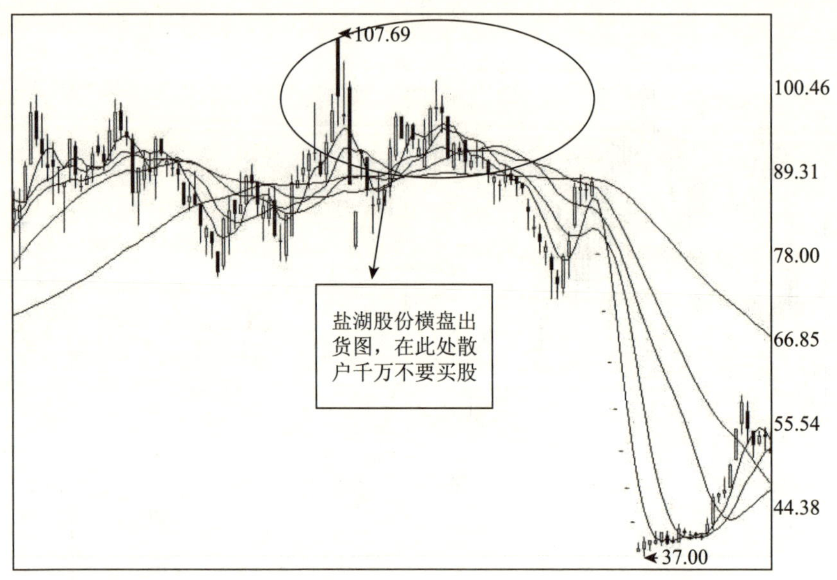

图 9－16　盐湖股份横盘出货图（时间：2008. 04. 17—2008. 05. 16）

在这里，盐湖股份的庄其实是利用了少数技术派人士的思维定式来做圈套。大家知道，庄家在进入拉高阶段后，便会不间断地进行洗盘，即拉高后小平台整理、再拉高的复合式组合操盘，经过数次这样的操作示范后，一些善于盯盘、略懂技术分析的散户，就会自以为已抓住了庄的操盘规律、掌握了庄的进退节奏，于是便贸然进场，想赚个短差，获些小利，但往往以深度套牢为结局。笔者熟识的一位王女士是一位资深股民，2015 年 6 月 2 日，在向日葵涨到 11. 20 元时买入，结果在高位套住，由于没有及时止损，股价猛跌，使她损失巨大。

庄正是利用一些散户的这种心态，在最后出货时，依然构造酷似洗盘时的技术图形，让有些已习惯于逢平台整理就大胆杀入的散户，按老规矩、老办法再度进场接盘。所以，凡是在高位出现整理股价的图形，散户就一定要谨慎，小心庄家在这里出货。

散户朋友请记住，庄在短、中、长线的战局中经常会使用先给些甜头，然后秋后算总账的手段，这种手段常常把那些自认为有文化、有知识、有技术的散户杀得大败。所以，在任何时候，我们都不要有思维惯性，不能用以前的图形、数据去判断今后的个股走向。

但是，出货就是出货，它与横盘洗盘就是不一样，二者表面上都是横盘整理，其本质是不同的。横盘出货和横向洗盘的最大区别，首先在于成交量不同，横盘出货时，其成交量显示为不规则的突然放大或突然缩小，一切都是无序而杂乱的；横盘整理则一般表现为小阴小阳，量能相对比较统一。其次，横盘出货时，K 线组合的震荡幅度大开大合，上下影线频繁出现，这说明主力希望通过短线的上下起伏差来吸引短线客进场，这与洗盘时的战术意图正好相反，洗盘庄家是想把散户洗走。

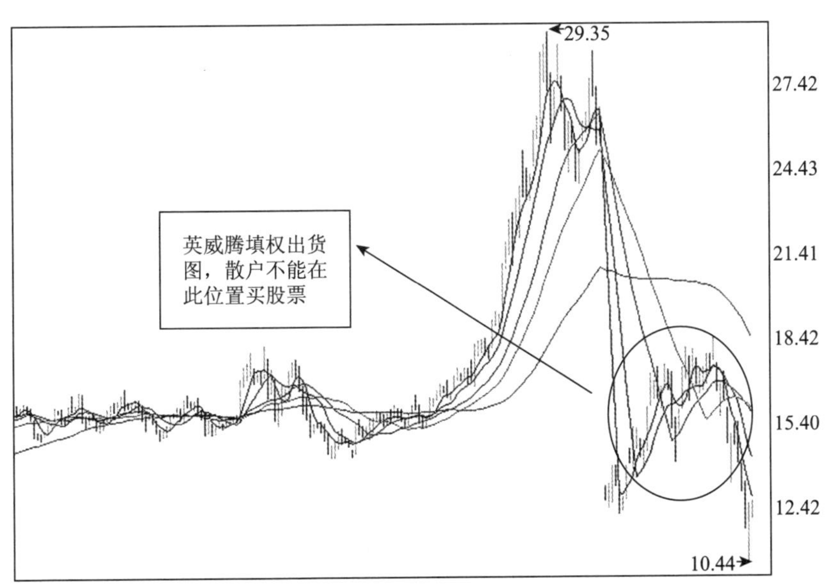

图 9－17 英威腾填权出货图（时间：2015. 04. 30—2015. 05. 22）

（6）先除权、后填权的出货方式

有的金牛股是先除权、后出货。对于这种出货中的股票，散户更要特别注意，防止被套，造成重大亏损。

如图 9－17，英威腾从 2014 年 7 月 10 日开始拉升股价，股价从 7. 20 元拉升到 29. 35 元，于 2015 年 4 月 30 日除权，除权后就开始出货，出货时间长达 1 个多月。

总之，散户只有了解庄的意图、动向、手法、行动，才能跟上庄，才能在股市中获利。

第十章　金牛股实战案例详解

一、驰宏锌锗（600497）

1. 当时上证大盘分析

从2005年6月至2007年10月，上证大盘指数大涨，指数从998.23点涨到6124.04点，上涨幅度为610%。大盘行情是大牛市。

从2005年8月3日至2007年4月11日，驰宏锌锗的股价从最低的9.95元涨到最高的154元，其涨幅达到1540%，是当时的金牛股。

2. 金牛股所在板块分析

驰宏锌锗所在板块是有色金属板块。当时，美元总体下跌，有色金属产品价格总体上涨，整个有色板块的指数上涨幅度很大，从2005年8月3日至2007年10月15日，指数从705.19上涨至12731.25点，上涨幅度为1520%。该板块是上涨板块中的龙头板块。

3. 政策面分析

国家鼓励有色金属产业发展。2000年至2005年，我国的房地产业发展状态良好，从而加大了对有色金属产品的需求，使有色金属产品价格大涨，有色金属产业的预期良好，驰宏锌锗所属企业集团受到国家政策的扶持。

4. 基本面分析

（1）上市公司简介

①公司背景。驰宏锌锗是云南曲靖的一家大型有色金属公司。公司的实际控制人是云南冶金集团股份有限公司。公司的主要产品是铅、锌、锗等系列产品的生产与销售。

②产品技术优势。公司拥有“高锗沉钒液的处理方法”发明专利共 7 项，铅、锌、锗系列产品覆盖我国十多个省市，“银晶”牌锗锭、“银鑫”牌锌锭、“银磊”牌粗铅销售情况良好。

（2）股本与财务分析

公司 2007 年的主营收入 1.5 亿元，同比增长 45%；净利润 8345 万元，同比增长 38%；每股收益 0.48 元，每股净资产 6.23 元，业绩出现拐点。

5. 资金面分析

驰宏锌锗总股本 12.60 亿股，流通资本股 12.60 亿股，为全流通股。从 2005 年 1 月开始买入资金连续多日增加，主力筹码不断增加，12 月 13 日之前主力已高度控盘，主力掌握筹码已达 60% 以上，已达到拉盘的条件。

6. 金牛股特征分析

（1）量能特征

驰宏锌锗在 2005 年 2 月至 11 月，形成了双洼地黄金量底部，股价一底高于一底。在突破前期箱顶时，该股在右侧温和放量，均线多头发散，同时沿5日均线慢慢上行，走出一个漂亮的发散弧线形。当股价接近前期压力位时，2005年12月16日该股以一个高涨6.08%宣告突破开始，12月20日，该股连续放量突破前期高点。这一操盘手法，快速、凶悍、引人关注，说明该股上升空间巨大，一波大行情已开始。

（2）涨停特征

2005年12月16日驰宏锌锗股价大涨6.08%，之后又连续放量拉升，这是一波大行情的开始，该股从此一飞冲天，股价大涨1540%。

7. 技术指标分析

（1）MAVOL量柱指标分析

从2005年7月26日到2005年10月24日，驰宏锌锗MAVOL量柱指标一直连续放量，柱状线的红柱多次出现并不断扩大，股价不断提高，表明主力经过长期建仓后，开始拉升股价，一轮大行情已经到来。

（2）MACD指标分析

从2005年7月22日到2005年8月21日，驰宏锌锗MACD指标一直运行在0轴之上，MACD柱状线的红柱多次出现并不断扩大，但股价始终在箱体中运行，表明主力一直在震仓洗盘。2005年10月22日到2005年12月15日，股价上涨启动之前，MACD指标中的DIF和DEA一度从0轴之上跌至0轴之下。12月16日股价大涨6.12%，使得绿柱收窄。12月16日，股价大涨6.12%，且突破前期压力位，使MACD指标的DIF和DEA形成金叉，爆发临界点出现。

（3）KDJ指标分析

在筑底过程中，当KDJ的参数设置为（9，3，3）时，2005年6

月6日，K值为18.69，D值为16.73，J值为22.59，并在图形上呈现为单底。当KDJ的参数设置为（9，3，3）时，可以清楚地看到，2005年7月26日，K值<20且D值<30，并在图形上呈现为KDJ指标双底形态，2005年12月6日，当KDJ的参数设置为（37，12，12）时，K值<20且D值<30再次出现，形成多重底。

根据KDJ指标金牛股启动前后的特征，启动点将出现在KDJ指标双底形态的金叉这个时间点，即12月16日将会是股价上涨启动的时间窗口。

（4）CCI指标分析

从2005年7月22日到2005年8月21日，驰宏锌锗在筑底过程中，CCI的参数线逐渐走平并上穿，当CCI参数线上穿过110线时，表明买入点已经来到，散户可在此点买入。

（5）BOLL指标分析

2005年12月16日，K线带量向上突破BOLL指标上轨，并且TRIX指标也已低位金叉，说明该股将进入一个中长期上行趋势中，这是BOLL指标发出的买入信号，散户应该买入股票。

8. 均线分析

从2005年8月3日开始，趋势线（120日均线）走平后缓慢上行。2005年9月8日，强势线（60日均线）正式从下上穿趋势线，形成中长期均线多头排列。2005年12月16日，股价涨6.08%，一阳穿过5日、10日、20日、60日、120日多条重要均线，宣告前3次股价探底趋势成功。12月20日，均线全部多头排列，该股上涨行情正式启动。

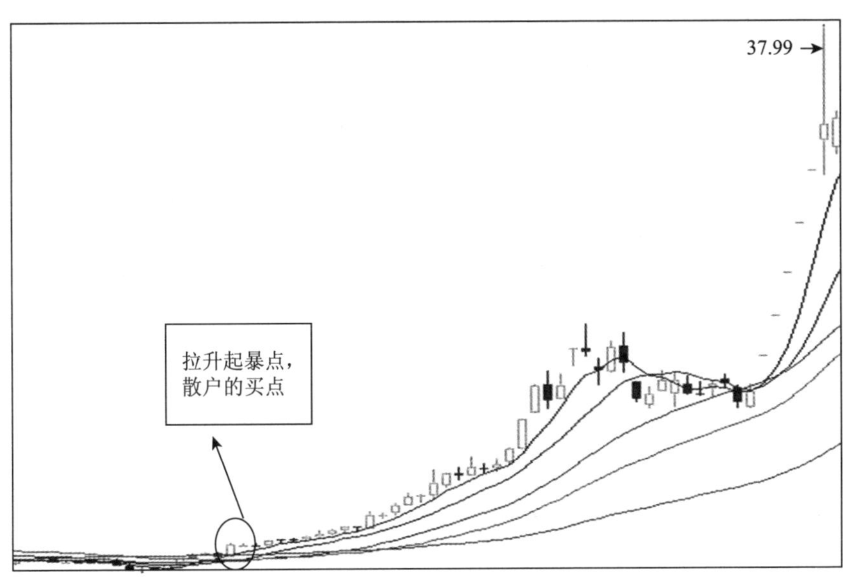

图 10－1　驰宏锌锗突破拉升 K 线

（时间：2005. 12. 16—2006. 06. 12。股价从 9. 63 元涨至 37. 99 元）

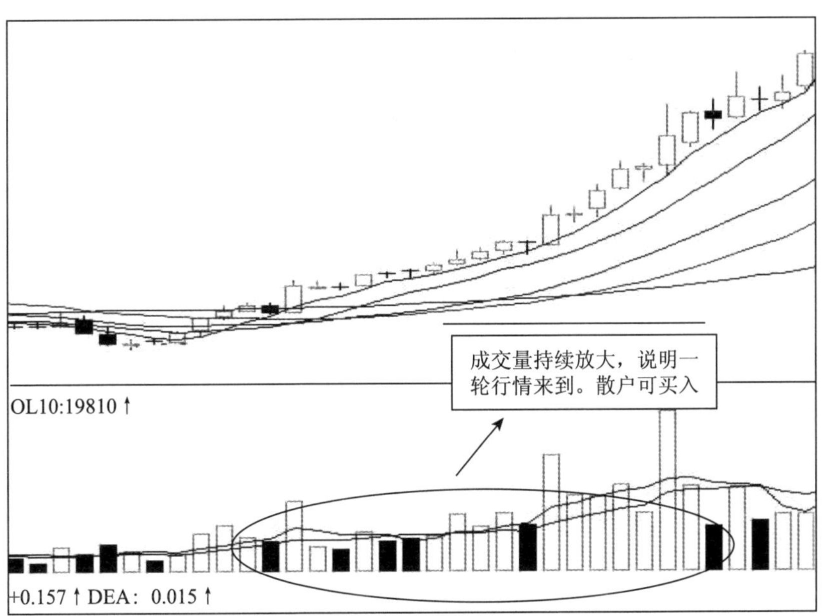

图 10－2　驰宏锌锗量柱图（时间：2005. 12. 16—2006. 06. 12）

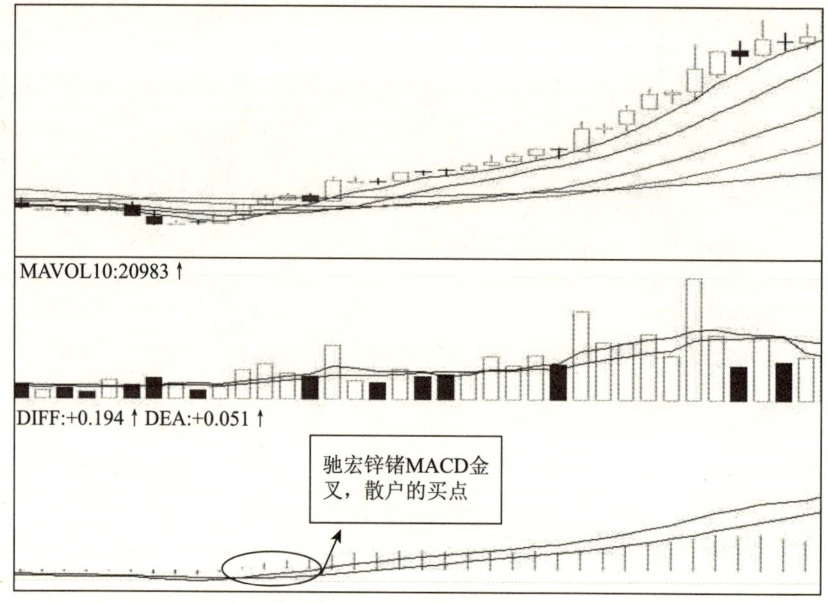

图 10－3　驰宏锌锗 MACD 金叉（时间：2005. 12. 16—2006. 06. 12）

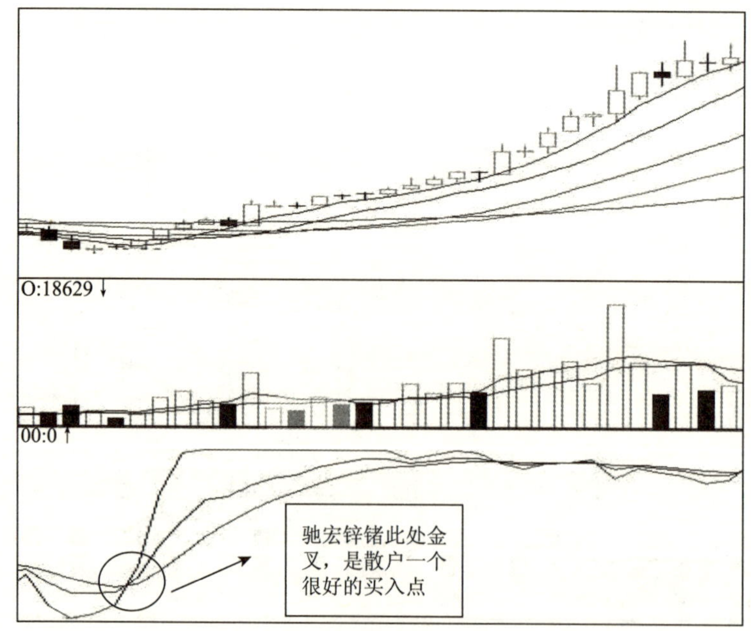

图 10－4　驰宏锌锗 KDJ 金叉（时间：2005. 12. 16—2006. 06. 12）

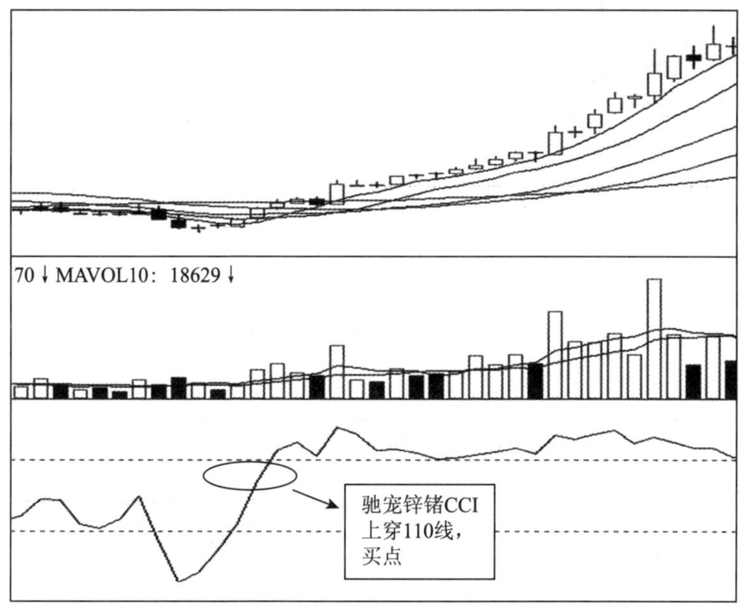

图 10－5　驰宏锌锗 CCI 上穿 110 线（时间：2005. 12. 16—2006. 06. 12）

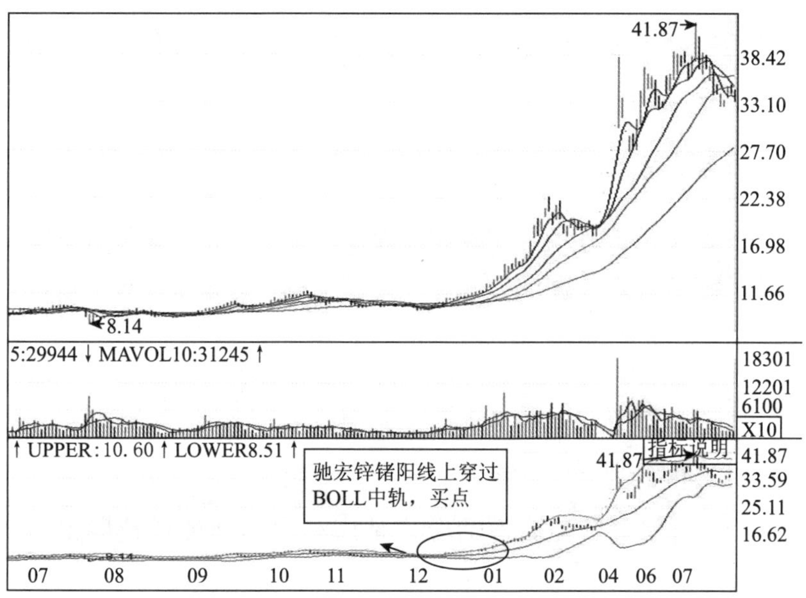

图 10－6　驰宏锌锗 Boll 图（时间：2005. 12. 16—2006. 06. 12）

二、金证股份（600446）

1. 当时 A 股大盘分析

2012 年 12 月 4 日—2015 年 5 月 18 日，上证指数最高点是 4356 点，最低点是 2050 点，年度最大涨幅为 105%。大盘行情是牛市行情。

在 2012 年 12 月 4 日—2015 年 5 月 18 日期间，金证股份股价从 5.72 元涨到 264.52 元，涨幅为 4615%，是一只大金牛股。

2. 金牛股所在板块分析

金证股份所在板块是互联网金融，而整个互联网金融板块的指数上涨幅度很大，是上涨板块中的龙头板块，从 2014 年 7 月 22 日至 2015 年 5 月 18 日，整个板块指数从 1885.28 涨至 6833.025 点，上涨幅度为 362%。

3. 政策面分析

国家支持、鼓励互联网金融行业发展。当前我国的互联网金融行业属于新兴产业，发展空间巨大，互联网金融新形态、新产品不断涌现，互联网金融行业的预期良好。

4. 基本面分析

（1）上市公司简介

①公司背景。金证股份的全称是广东深圳金证科技股份有限公司，主营业务是金融证券软件开发及系统集成。

②产品技术优势。公司建立了覆盖全国的销售和服务网络，是中国最大的金融证券软件开发商和系统集成商之一。公司自主研发

的金融证券软件在国内领先。

（2）股本及财务分析

截至2014年10月16日，金证股份总股本2.77亿股，流通股本2.66亿股。年营业收入5.25亿元，同比增长11.79%；净利润0.30亿元，同比增长177.54%；每股收益0.11元，每股净资产3.27元，净资产收益率3.53%。

5. 资金面分析

金证股份总股本2.77亿股，流通资本股2.66亿股，接近全流通盘。从2012年12月开始买入资金连续多日增长，主力筹码不断增加，12月13日以前主力已高度控盘，主力掌握筹码已达65%以上，已达到拉盘的条件。

6. 金牛股特征分析

（1）量能特征

2012年11月29日之后，金证股份股价逐渐高升，底部逐渐抬高，股价在突破前期箱顶时，成交放量，均线多头发散，同时阳线沿5日均线慢慢上行，走出一个漂亮的发散弧线形。2012年12月25日，该股5日均线上穿过30日均线，以一个高涨4.08%宣告突破开始，到2013年2月5日，该股连续放量突破前期高点。这一操盘手法，稳健、连续拉升，引人关注，说明该股上升空间巨大，一波大行情已开始。

（2）涨停特征

2012年12月25日，金证股份股价大涨4.08%，之后又连续放量拉升，这是一波大行情的开始，该股从此长时间震荡上行，股价从6.23元涨到269.50元，涨幅达4325%。

7. 技术指标

（1）MAVOL 量柱指标分析

从 2012 年 11 月 29 日到 2013 年 3 月 7 日，金证股份 MAVOL 量柱指标一直连续放量，柱状线的红柱多次出现并不断扩大，股价不断提高，表明主力经过长期建仓后，开始拉升股价，一轮大行情已经到来。

（2）MACD 指标分析

从 2012 年 11 月 29 日到 2013 年 3 月 7 日，金证股份 MACD 指标一直运行在 0 轴之上，MACD 柱状线的红柱多次出现并不断扩大，但股价始终在箱体中运行，表明主力一直在震仓洗盘。2012 年 12 月 4 日到 2013 年 1 月 30 日，股价上涨启动之前，MACD 指标中的 DIF 和 DEA 一度从 0 轴之上跌至 0 轴之下。2013 年 1 月 30 日股价大涨 3.13%，使得绿柱收窄，突破前期压力位，使 MACD 指标的 DIF 和 DEA 形成金叉，爆发临界点出现。

（3）KDJ 指标分析

在筑底过程中，当 KDJ 的参数设置为（9，3，3）时，2012 年 14 月 4 日，K 值为 26.07，且 D 值为 21.93，并在图形上呈现为 KDJ 指标金叉。

根据 KDJ 指标金牛股启动前后的特征，启动点将出现在 KDJ 指标双底形态的金叉这个时间点，即 2013 年 1 月 30 日将是股价上涨启动的时间窗口。

（4）CCI 指标分析

在 2012 年 11 月 29 日到 2013 年 1 月 30 日的筑底过程中，CCI 的参数线逐渐走平并上穿，2013 年 1 月 30 日，CCI 参数线上穿过 110 线，说明买入点已来到，散户可在此点买入。

（5）BOLL 指标分析

2013 年 1 月 30 日，金证股份阳线带量向上突破 BOLL 通道中轨并接近上轨，并且 TRIX 指标也已低位金叉，说明该股将进入一个中长期上行趋势，这是 BOLL 指标发出的买入信号，散户应该买入股票。

8. 均线分析

从 2012 年 11 月 29 日开始，金证股份趋势线（120 日均线）走平后缓慢上行。2012 年 12 月 4 日，强势线（60 日均线）正式形成从下上穿趋势线，形成中长期均线多头排列。2013 年 1 月 30 日，股价上涨 3. 13%，一阳穿过 5 日、10 日、20 日、60 日、120 日多条重要均线，宣告前 3 次股份探底趋势成功。2013 年 1 月 30 日，均线全部多头排列。股价上涨行情正式启动。

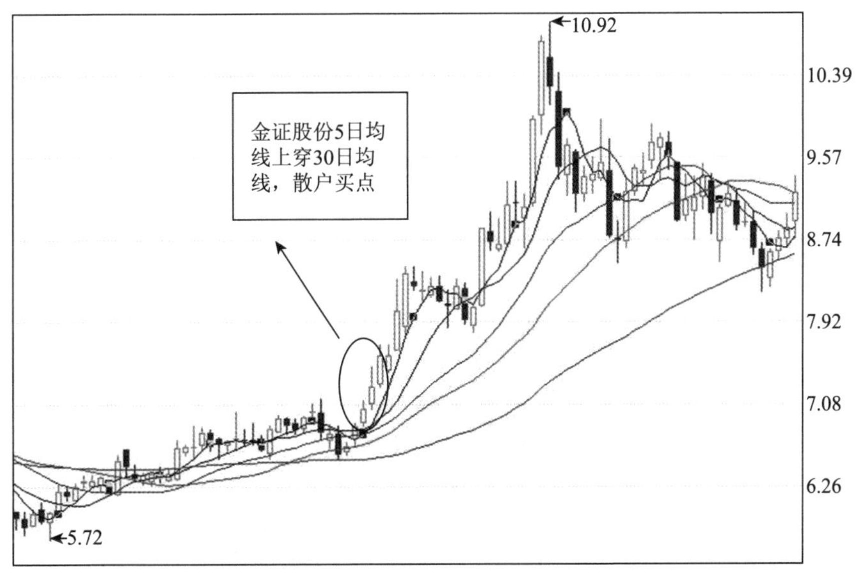

图 10－7　金证股份 K 线图（时间：2012. 11. 29—2013. 01. 30）

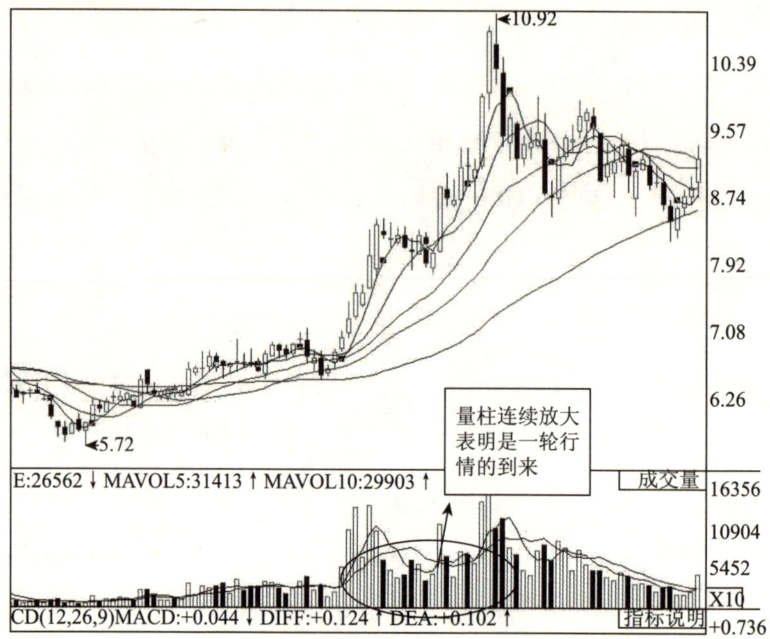

图 10－8　金证股份量柱图（时间：2013. 01. 30—2013. 03. 07）

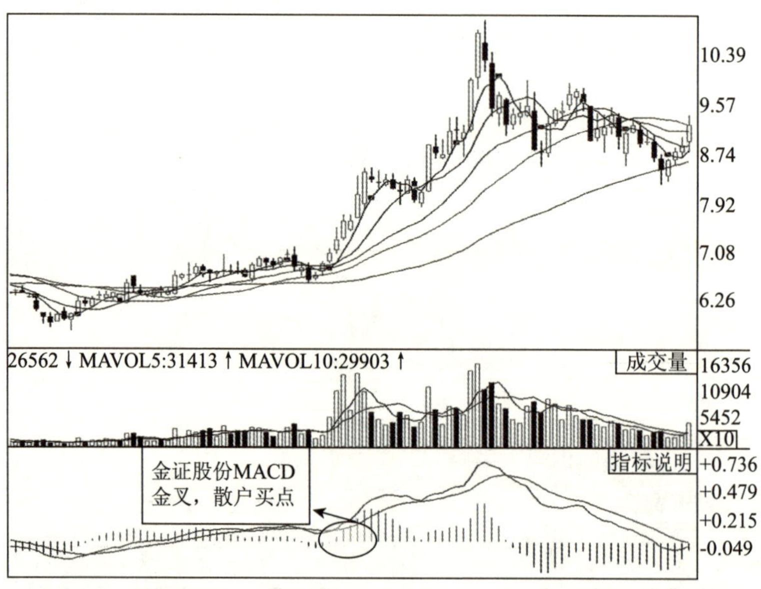

图 10－9　金证股份 MACD 图（时间：2012. 11. 29—2013. 01. 30）

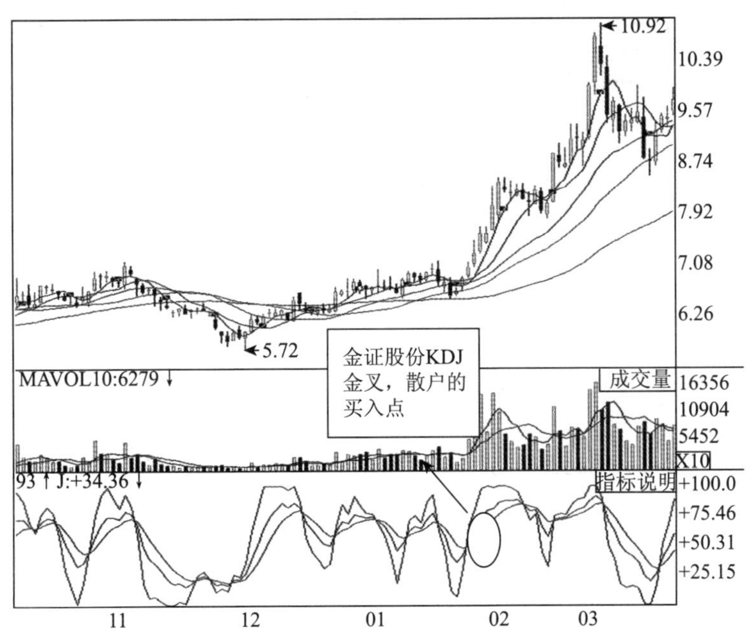

图 10－10　金证股份 KDJ 图（时间：2012. 11. 29—2013. 01. 30）

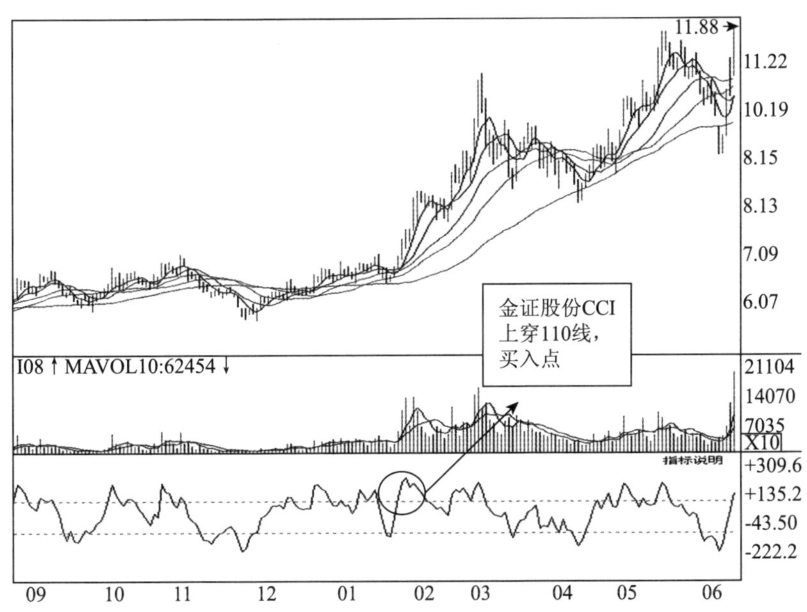

图 10－11　金证股份 CCI 图（时间：2012. 11. 29—2013. 01. 30）

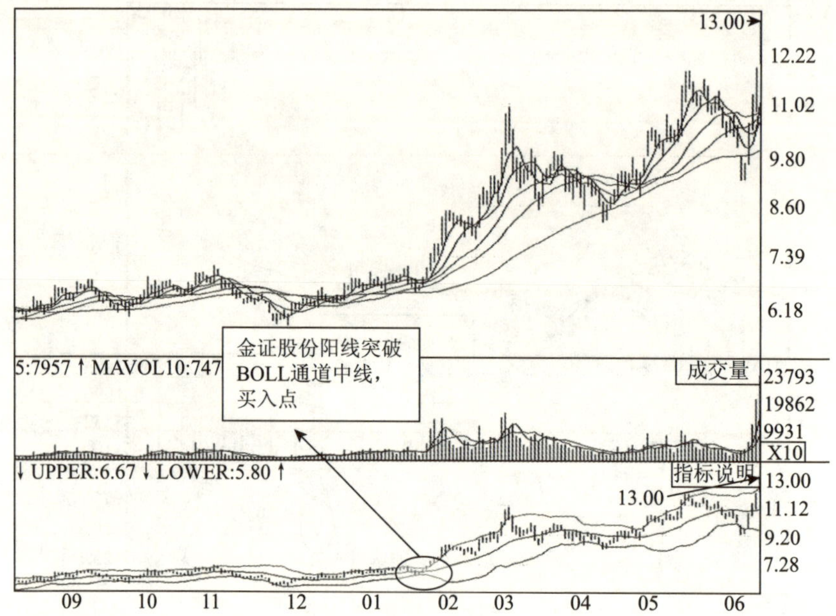

图 10－12　金证股份 BOLL 图（时间：2012. 11. 29—2013. 01. 30）

三、中科金财（002657）

1. 当时 A 股大盘分析

2014 年 7 月 24 日—2015 年 6 月 4 日，上证指数最高点是 4986. 50 点，最低点是 2079 点，年度最大涨幅为 149%。大盘行情是牛市行情。

在 2014 年 7 月 24 日—2015 年 6 月 4 日期间，中科金财股价从 27. 90 元涨到 186 元，涨幅为 664%，是一只大金牛股。

2. 金牛股所在板块分析

中科金财所在板块是互联网金融。在 2014—2015 年这波牛市中，整个互联网金融板块指数上涨幅度很大，是上涨板块中的龙头

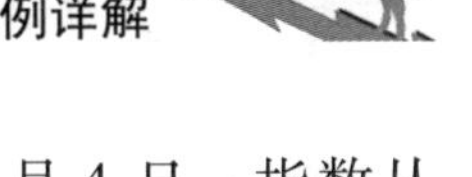

板块，整个板块从2014年7月24日至2015年6月4日，指数从1844.63涨至8930.67点，上涨幅度为484%。

3. 政策面分析

国家支持、鼓励互联网金融行业发展。当前我国的互联网金融行业属于新兴产业，发展空间巨大，互联网金融新形态、新产品不断涌现，互联网金融行业预期良好。

4. 基本面分析

（1）上市公司简介

①公司背景。中科金财的全称是北京中科金财科技股份有限公司，主营业务是金融系统软件开发、技术服务及相关的计算机系统集成服务。

②产品技术优势。该公司的业务优势表现为智能银行整体解决方案、互联网金融综合服务。近年来，移动电商成为公司业绩新亮点，业务涵盖移动支付、移动购物、移动阅读、移动旅游，上述业务经营状况良好。

（2）股本与财务分析

公司2014年的营业收入8.12亿元；净利润0.19亿元，同比增长361.33%；每股收益0.06元，每股净资产4.77元。公司业绩出现拐点。

5. 资金面分析

中科金财总股本3.17亿股，流通股本1.65亿股。从2014年1月开始买入资金连续多日增长，主力筹码不断加仓，2014年5月13日之前主力已高度控盘，主力掌握筹码已达60%以上，已达到拉盘的条件。

6. 金牛股特征分析

（1）量能特征

2014 年 4 月 1 日以后，中科金财股价逐渐高升，底部逐渐抬高，股价在突破前期箱顶时，成交量放大，均线多头发散，同时阳线沿 5 日均线慢慢上行，走出一个漂亮的发散弧线形。当股价接近前期压力位时，2014 年 8 月 6 日复牌，该股 5 日均线上穿过 30 日均线，以高涨 10% 宣告突破开始，2014 年 8 月 7 日，该股连续放量突破前期高点。这一操盘手法凶猛、突然，连续放量，引人关注，说明该股上升空间巨大，一波大行情已经开始。

（2）涨停特征

2014 年 8 月 6 日复牌后，中科金财股价大涨 10%，8 月 7 日又连续放量拉升并涨停，这是一波大行情的开始，该股从此长时间震荡上行，股价从 34.55 元涨到 186 元，涨幅 547%。

7. 技术指标

（1）MAVOL 量柱指标分析

从 2014 年 8 月 6 日到 2014 年 8 月 26 日，中科金财 MAVOL 量柱指标一直连续放量，柱状线的红柱多次出现并不断扩大，股价不断提高，表明主力经过长期建仓后，开始拉升股价，一轮大行情已经到来。

（2）MACD 指标分析

从 2014 年 4 月 1 日到 2014 年 5 月 28 日，中科金财 MACD 指标一直运行在 0 轴之下和 0 轴之上附近，MACD 柱状线的红柱多次出现并不断扩大，但股价始终在箱体中运行，表明主力一直在震仓洗盘、吸筹。2014 年 4 月 24 日到 2014 年 5 月 20 日，股价上涨启动之前，MACD 指标中的 DIF 和 DEA 一度从 0 轴之上跌至 0 轴之下。2014 年 8 月 6 日重新复牌，股价大涨 10%，使得绿柱收窄。2014 年

8 月 7 日，股价又大涨 10% 突破前期压力位，使 MACD 指标的 DIF 和 DEA 形成金叉，爆发临界点出现。

（3）KDJ 指标分析

在筑底过程中，当 KDJ 的参数设置为（9，3，3）时，2014 年 4 月 1 日，K 值为 26.07，且 D 值为 21.93，并在图形上呈现为 KDJ 指标金叉。

根据 KDJ 指标金牛股启动前后的特征，启动点将出现在 KDJ 指标双底形态的金叉这个时间点，即 2014 年 8 月 6 日将是股价上涨启动的时间窗口。

（4）CCI 指标分析

从 2014 年 4 月 1 日到 2014 年 5 月 28 日的筑底过程中，CCI 的参数线逐渐走平并上穿，当 CCI 参数线上穿过 110 线时，2014 年 8 月 6 日公司重新复牌，股价大涨 10%，MACD 金叉，说明买入点已到来，散户可在 8 月 7 日买入，之后，一路持有，等大盘行情结束时，卖掉股票。

（5）BOLL 指标分析

2014 年 8 月 7 日，阳线带量向上突破 BOLL 中轨并接近上轨，并且 TRIX 指标也已低位金叉，说明该股将进入一个中长期上行趋势，这是 BOLL 指标发出的买入信号，散户应该在此日此点买入股票。

8. 均线分析

从 2014 年 4 月 1 日开始，趋势线（120 日均线）走平后缓慢上行。2014 年 5 月 28 日，强势线（60 日均线）正式从下上穿趋势线，形成中长期均线多头排列。2014 年 8 月 6 日复牌，股价上涨 10%，一阳穿过 5 日、10 日、20 日、60 日、120 日多条重要均线。8 月 7 日，均线全部多头排列，股价上涨行情正式启动。

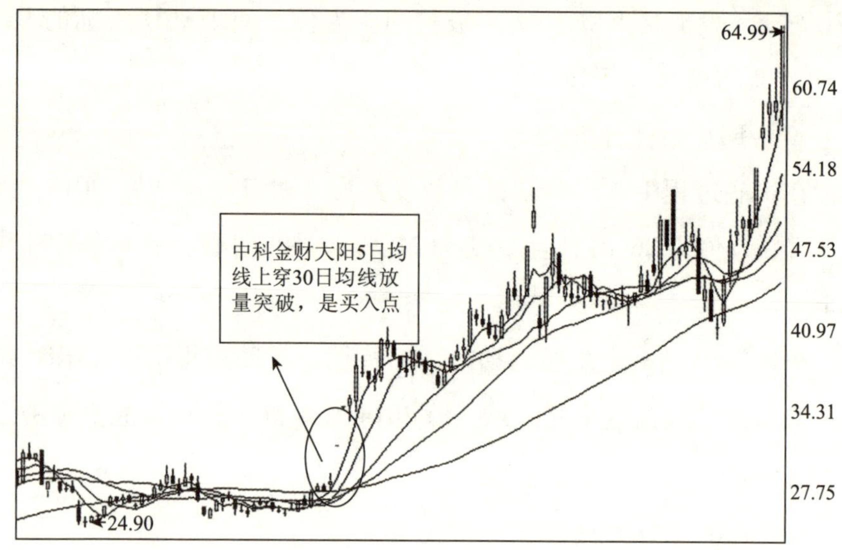

图 10－13　中科金财 K 线图（时间：2014. 05. 28—2014. 11. 28）

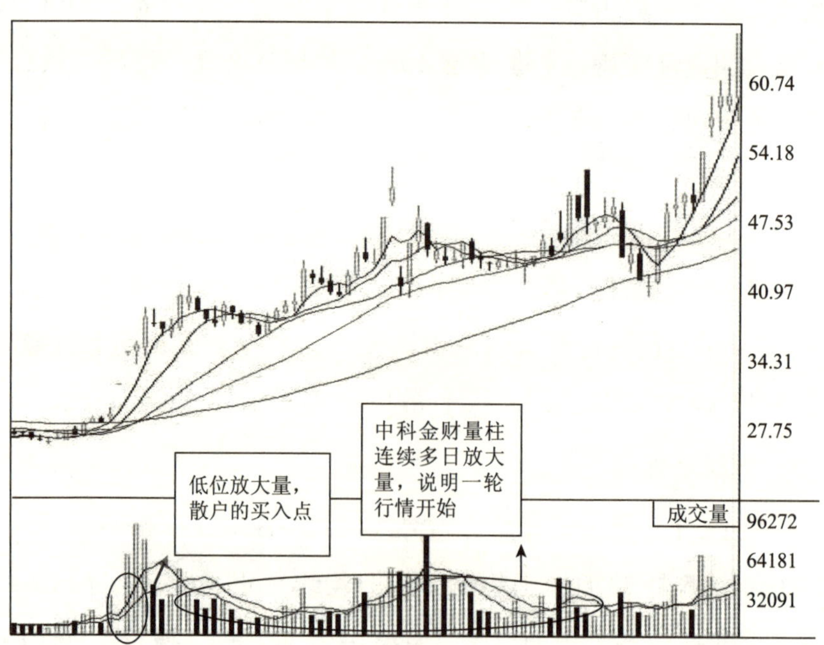

图 10－14　中科金财量柱图（时间：2014. 05. 28—2014. 11. 28）

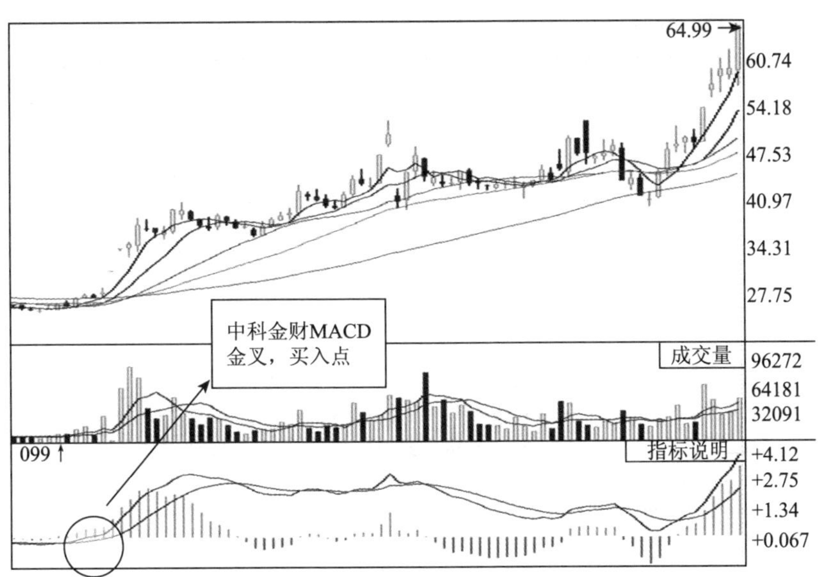

图 10－15　中科金财 MACD 金叉图（时间：2014. 05. 28—2014. 11. 28）

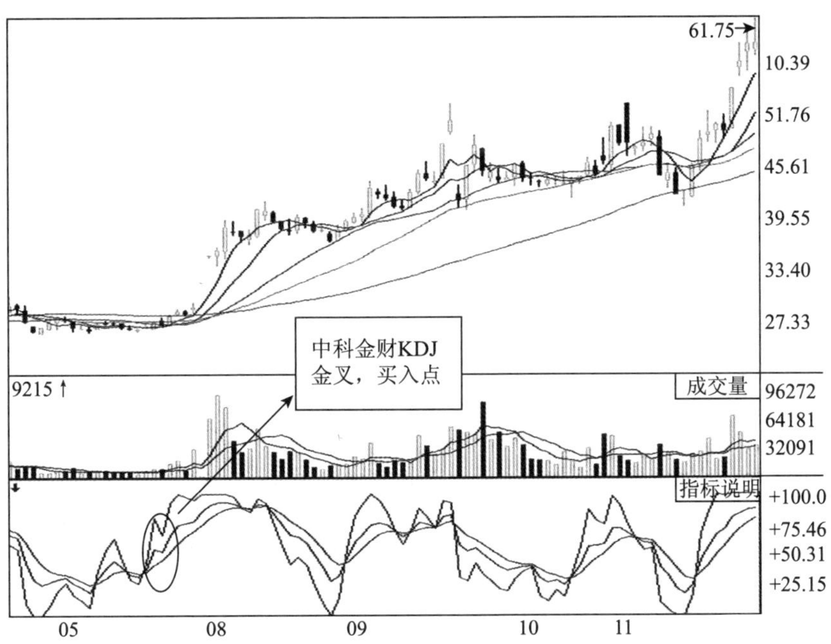

图 10－16　中科金财 KDJ 金叉图（时间：2014. 05. 28—2014. 11. 28）

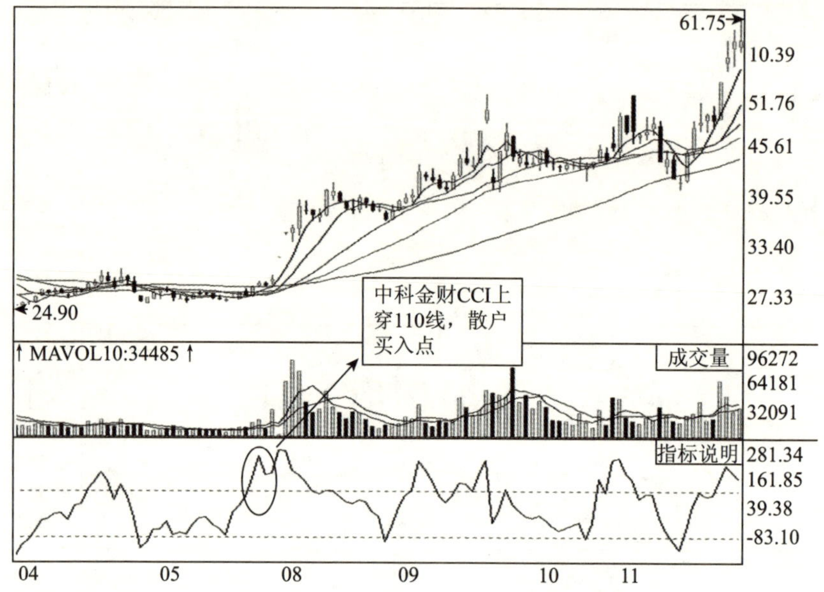

图 10－17　中科金财 CCI 上穿图（时间：2014. 05. 28—2014. 11. 28）

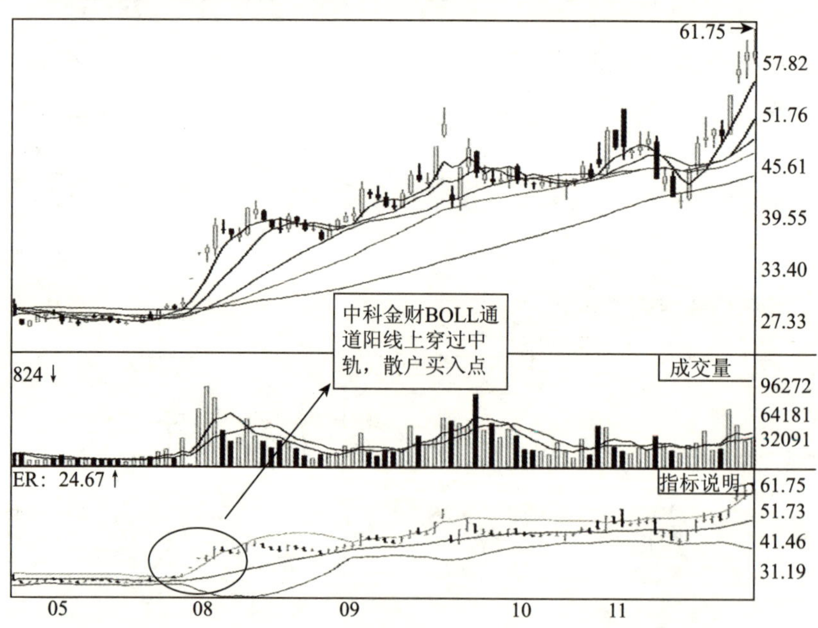

图 10－18　中科金财 BOLL 通道图（时间：2014. 05. 28—2014. 11. 28）

四、国际医学（000516）

1. 当时 A 股大盘分析

2013 年 6 月 25 日—2015 年 6 月 4 日，上证指数最高点为 4986.50 点，最低点为 1849.65 点。大盘行情是牛市行情。

在 2013 年 6 月 25 日—2015 年 6 月 4 日期间，国际医学股价从 3.39 元上涨到 38.46 元，涨幅为 1010.31%，是一只金牛股。

2. 金牛股所在板块分析

国际医学所在板块是医疗服务行业。由于国家鼓励大力发展生物医疗产业，加之生物医疗产品的需求量增大，因此，生物医疗产品价格总体上涨，整个生物医疗板块的指数上涨幅度很大，是上涨板块中的龙头板块。从 2013 年 6 月 25 日至 2015 年 6 月 4 日，生物医疗板块指数从 975.12 点涨至 3991.15 点，上涨幅度为 409.33%。

3. 政策面分析

国家鼓励生物医疗产业的发展。此外，由于我国已经进入老龄社会，社会对医疗服务的需求日益提高，医疗行业的发展空间较大。

4. 基本面分析

（1）上市公司简介

①公司背景。国际医学的全称是西安国际医学投资股份有限公司，主要从事医疗、连锁百货等行业，公司经营项目发展前景广阔，销售情况良好。

②产品技术优势。公司经营的项目有医院管理、零售商业、物

资供销。公司投资北京汉氏联合生物技术有限公司，进军干细胞储存、细胞再生医疗领域。

（2）股本与财务分析

公司 2014 年的主营业务收入 11.02 亿元，同比增长 4.37%；净利润 0.98 亿元，同比增长 47.44%；每股收益 0.14 元，每股净资产 2.37 元。业绩出现拐点。

5. 资金面分析

公司总股本 7.88 亿股，流通资本股 7.04 亿股，接近全流通盘。从 2014 年 1 月开始买入资金连续多日增长，主力筹码不断增加，7 月 24 日以前主力已高度控盘，主力掌握筹码已达 60% 以上，已达到拉盘的条件。

6. 金牛股特征分析

（1）量能特征

在 2013 年 6 月 25 日之后，国际医学股价逐渐高升，底部逐渐抬高，股价在突破前期箱顶时，成交放量，均线多头发散，同时阳线沿 5 日均线慢慢上行，走出一个漂亮的发散弧线形。当股价接近前期压力位时，2013 年 7 月 29 日，该股 5 日均线上穿过 30 日均线，以一个中涨 4.38% 宣告突破开始。该股这一操盘手法平稳、均衡，连续放量，引人关注，说明该股上升空间广阔，一波大行情已开始。

（2）涨停特征

2013 年 7 月 9 日，国际医学股价大涨 7.25%，7 月 29 日又连续放量拉升，这是一波大行情的开始，该股从此长时间震荡上行，股价从 3.43 元涨到 38.46 元，涨幅 1010.28%。

7. 技术指标

（1）MAVOL 量柱指标分析

从2013 年6 月25 日到2013 年8 月27 日，国际医学 MAVOL 量柱指标一直连续放量，柱状线的红柱多次出现并不断扩大，股价不断提高，表明主力经过长期建仓后，开始拉升股价，一轮大行情已经到来。

（2）MACD 指标分析

从2013 年6 月25 日到2013 年8 月27 日，国际医学 MACD 指标一直运行在 0 轴之上，MACD 柱状线的红柱多次出现并不断扩大，但股价始终在箱体中运行，表明主力一直在震仓洗盘。2013 年 6 月25 日到2013 年7 月10 日，股价上涨启动之前，MACD 指标中的 DIF 和 DEA 一度从0 轴之上跌至0 轴之下。7 月 22 日股价上涨 3.71%，使得绿柱收窄。8 月 21 日，股价上涨 6.51%，突破前期压力位，使 MACD 指标的 DIF 和 DEA 形成金叉，爆发临界点出现。

（3）KDJ 指标分析

在筑底过程中，当 KDJ 的参数设置为（9，3，3）时，2013 年7 月22 日，K 值为 34，且 D 值为 42，并在图形上呈现为 KDJ 指标金叉。

根据 KDJ 指标金牛股启动前后的特征，启动点将出现在 KDJ 指标双底形态的金叉这个时间点，即 2013 年 7 月 22 日将是股价上涨启动的时间窗口。

（4）CCI 指标分析

从2013 年6 月25 日到2013 年8 月27 日的筑底过程中，CCI 的参数线逐渐走平并上穿，7 月 28 日，CCI 参数线上穿过 110 线，表明买入点已到来，散户可在此点买入。

（5）BOLL 指标分析

2013 年 7 月 29 日，国际医学的阳线带量向上突破 BOLL 中轨，并且 TRIX 指标也已低位金叉，说明该股将进入一个中长期上行趋势中，这是 BOLL 指标发出的买入信号，散户应该买入股票。

8. 均线分析

从 2013 年 7 月 31 日开始，趋势线（120 日均线）走平后缓慢上行。2013 年 8 月 5 日，强势线（30 日均线）正式从下上穿 120 日趋势线，形成中长期均线多头排列。2013 年 8 月 22 日，股价上涨 6.51%，一阳穿过 5 日、10 日、20 日、60 日、120 日多条重要均线，宣告前两次该股探底成功。8 月 23 日，均线全部多头排列。股价上涨行情正式启动。

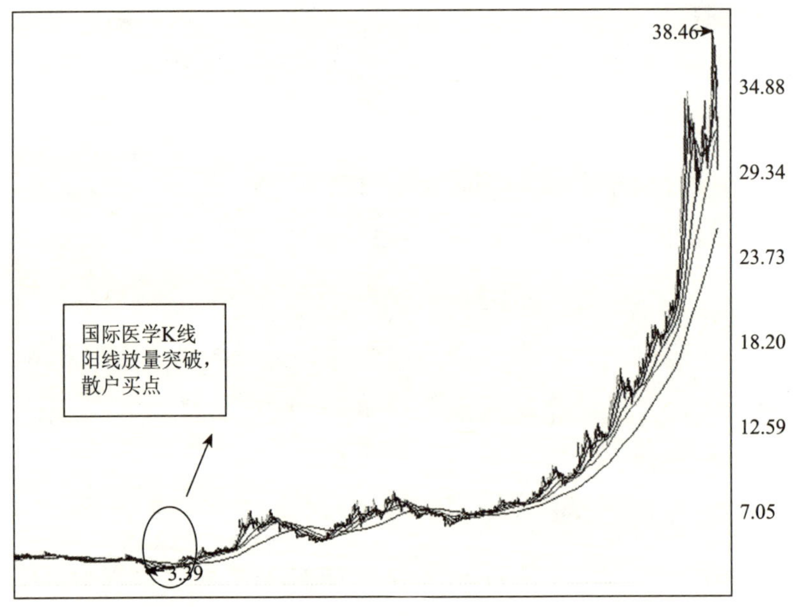

图 10－19　国际医学放量突破 K 线图（时间：2013. 06. 25—2013. 08. 27）

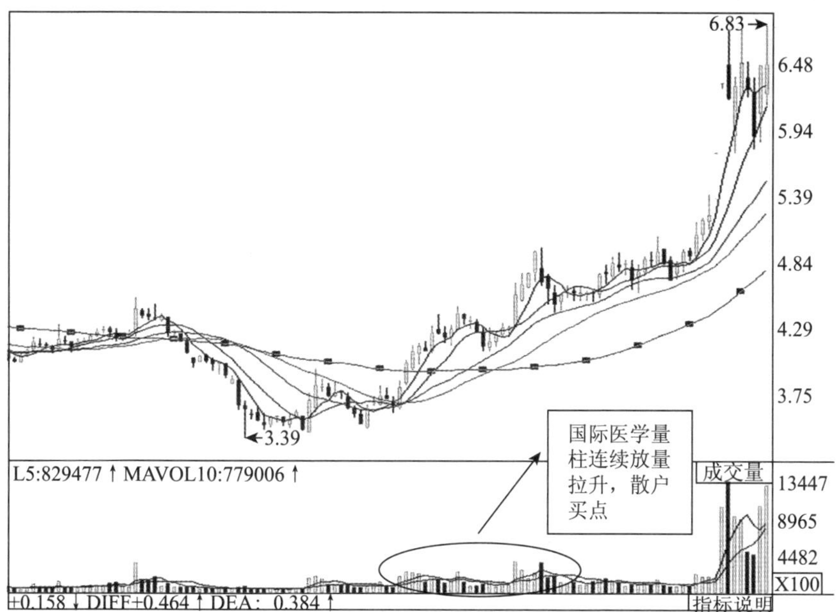

图 10－20　国际医学量柱图（时间：2013. 06. 25—2013. 08. 27）

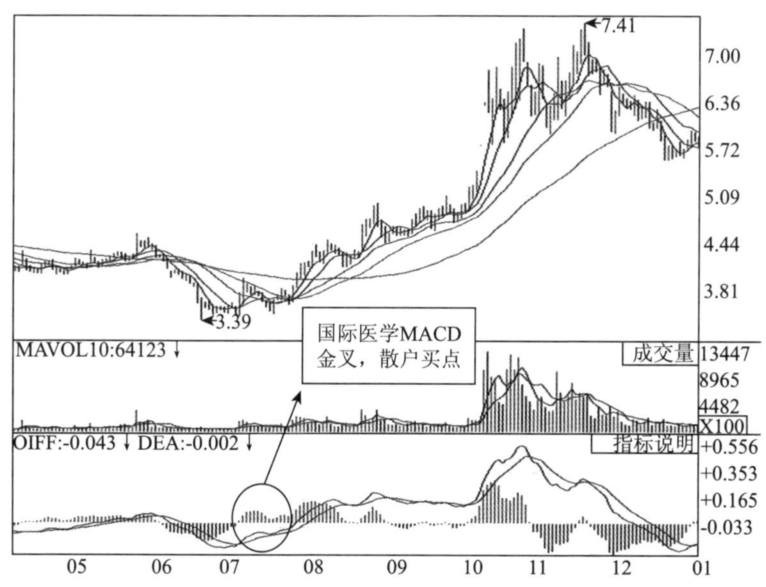

图 10－21　国际医学 MACD 图（时间：2013. 06. 25—2013. 08. 27）

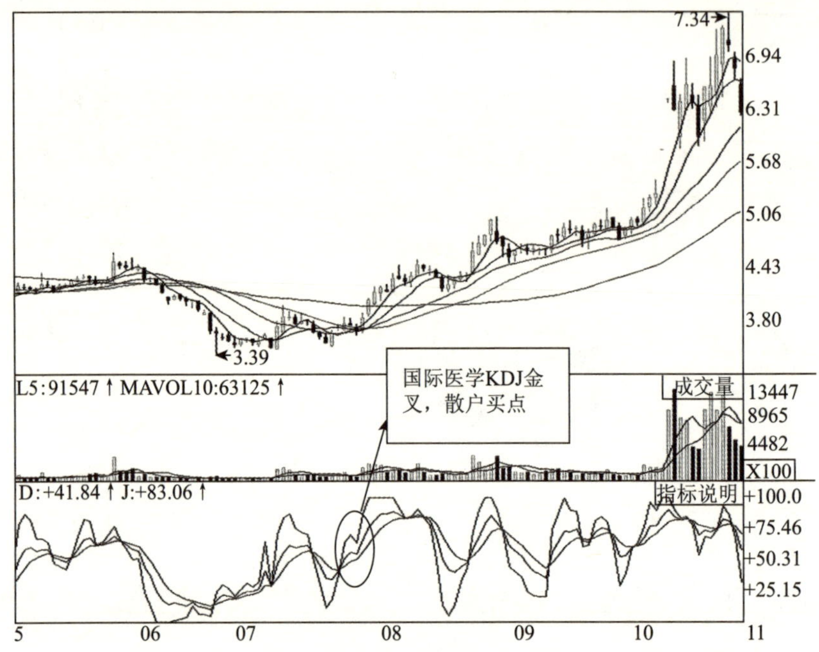

图 10－22　国际医学 KDJ 图（时间：2013. 06. 25—2013. 08. 27）

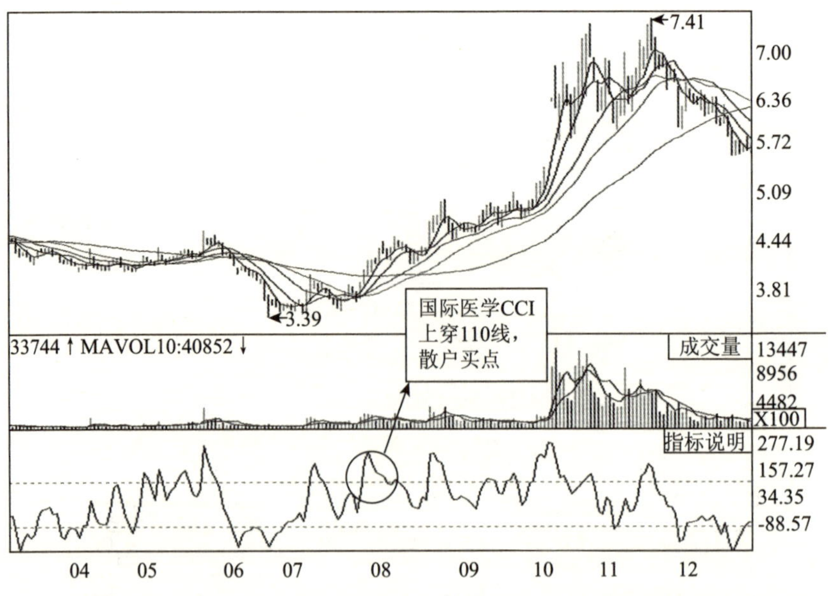

图 10－23　国际医学 CCI 上穿图（时间：2013. 06. 25—2013. 08. 27）

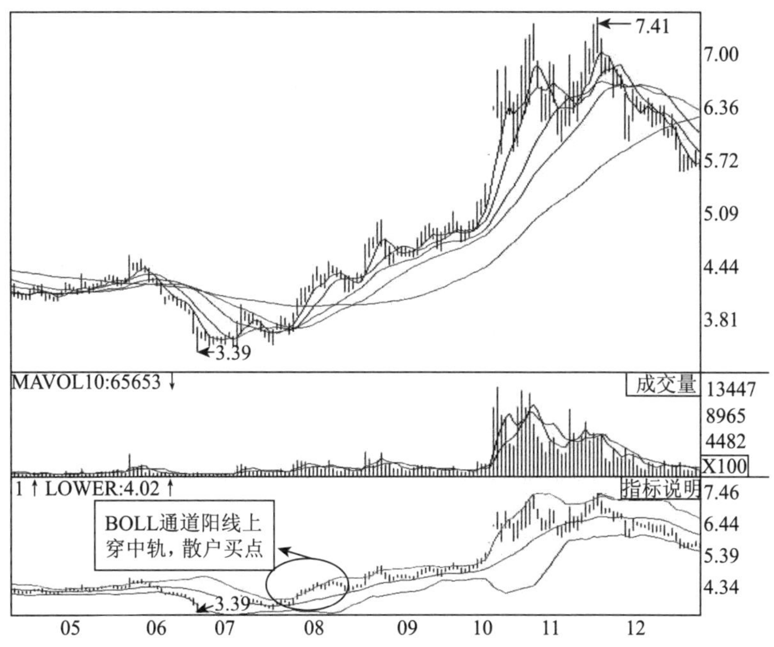

图 10－24　国际医学 BOLL 图（时间：2013.06.25—2013.08.27）

五、南风股份（300004）

1. 当时 A 股大盘分析

2014 年 5 月 19 日至 2015 年 6 月 8 日，上证指数最高点是 5104.04 点，最低点是 2001.30 点，年度最大涨幅为 255%。大盘行情是牛市行情。

在 2012 年 12 月 4 日—2015 年 6 月 8 日期间，南风股份股价从 13.53 元涨到 107.98 元，涨幅为 798%，是一只金牛股。

2. 金牛股所在板块分析

南风股份所在板块是 3D 打印板块，该板块是国家重点支持的产业。在考察期间，整个3D打印板块的指数上涨幅度很大，是上涨板块中的龙头板块。从2014年4月9日至2015年6月8日，指数从937.12涨至3211.53点，上涨幅度为343%。

3. 政策面分析

国家鼓励3D打印产业发展。该产业是高新技术产业，在我国处于发展的初级阶段，市场空间巨大，发展预期良好。

4. 基本面分析

（1）上市公司简介

①公司背景。南风股份主营业务为3D打印，兼营通风与空气处理系统设计和产品开发、制造、销售，以及核电建设。公司产品市场空间较大，预期良好。

②产品技术优势。该公司是国家高新技术企业。公司的重金属3D打印技术，处于国内领先地位。产品还包括：风机、风阀、防火阀、风力发电叶片。

（2）股本与财务分析

公司2014年的主营业务收入为15.00亿元，同比增长86.33%；净利润1100万元，同比增长12.47%；每股收益0.04元，每股净资产11.81元。业绩出现拐点。

5. 资金面分析

公司总股本2.55亿股，基本流通股本1.37亿股。自2012年12月4日开始，买入资金连续多日增长，主力筹码不断增加，12月30日以前主力已控盘，主力掌握筹码达60%以上，已达到拉盘的条件。

6. 金牛股特征分析

（1）量能特征

在2012年12月4日之后，公司股价逐渐高升，底部逐渐抬高，股价在突破前期箱顶时，成交量放大，均线多头发散，同时阳线沿5日均线慢慢上行，走出一个漂亮的发散弧线形。当股价接近前期压力位时，2012年12月31日，该股5日均线上穿过30日均线，以大涨7.00%宣告突破开始。该股主力这一操盘手法稳健、均衡，连续放量，引人关注，说明该股上升空间巨大，一波大行情已开始。

（2）涨停特征

2012年12月5日，南风股份股价上涨4.90%，12月31日又涨7.00%，之后，连续放量拉升，这是一波大行情的开始，该股从此长时间震荡上行，股价从13.53元上涨到107.98元，涨幅达798%。

7. 技术指标

（1）MAVOL量柱指标分析

从2012年12月4日到2012年12月31日，南风股份MAVOL量柱指标一直连续放量，柱状线的红柱多次出现并不断扩大，股价不断提高，表明主力经过长期建仓后，开始拉升股价，一轮大行情已经到来。

（2）MACD指标分析

从2012年12月4日到2012年12月21日，南风股份MACD指标一直运行在0轴之上，MACD柱状线的红柱多次出现并不断扩大，但股价始终在箱体中运行，表明主力一直在震仓洗盘。2012年9月12日到2012年12月4日，股价上涨启动之前，MACD指标中的DIF和DEA一度从0轴之上跌至0轴之下。12月31日股价大涨7.00%，使得绿柱收窄，股价突破前期压力位，使 MACD 指标的 DIF 和 DEA 形成金叉，爆发临界点出现。

（3）KDJ 指标分析

在筑底过程中，当 KDJ 的参数设置为（9，3，3）时，2012 年 12 月 4 日，K 值为 26.07，且 D 值为 21.93，并在图形上呈现为 KDJ 指标金叉。

根据 KDJ 指标金牛股启动前后的特征，启动点将出现在 KDJ 指标双底形态的金叉这个时间点，即 2012 年 12 月 31 日将是股价上涨启动的时间窗口。

（4）CCI 指标分析

从 2012 年 12 月 4 日到 2012 年 12 月 31 日的筑底过程中，CCI 的参数线逐渐走平并上穿。12 月 31 日，CCI 参数线上穿过 110 线，表明买入点已经到来，散户可在此点买入。

（5）BOLL 指标分析

2012 年 12 月 31 日，K 线带量向上突破 BOLL 指标上轨，并且 TRIX 指标也已低位金叉，说明该股将进入一个中长期上行趋势，这是 BOLL 指标发出的买入信号，散户应该买入股票。

8. 均线分析

从 2012 年 12 月 4 日开始，趋势线（120 日均线）走平后缓慢上行。2013 年 12 月 19 日，强势线（60 日均线）正式从下上穿（120 日均线）趋势线，形成中长期均线多头排列。2014 年 12 月 31 日，股价涨 7.00%，一阳穿过 5 日、10 日、20 日、60 日、120 日多条重要均线，宣告南风股份探底成功。2013 年 1 月 14 日，均线全部多头排列，股价上涨行情正式启动。

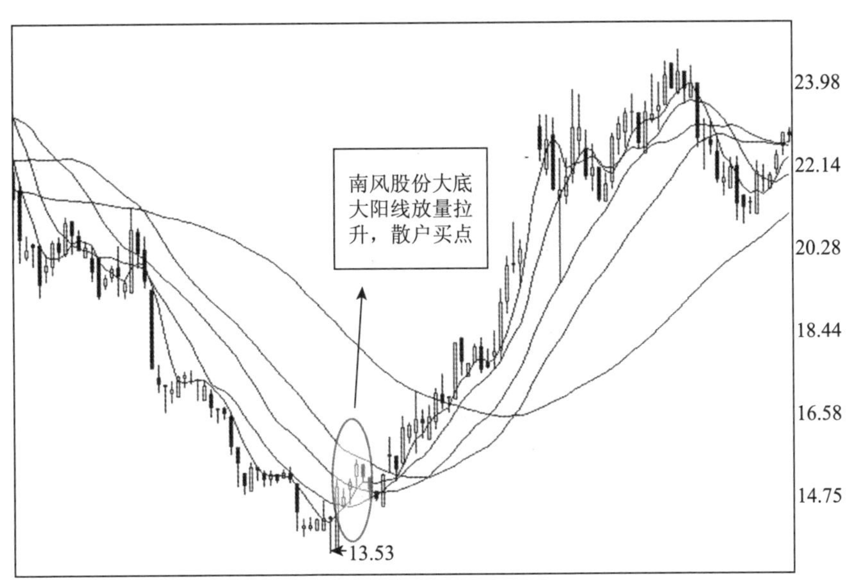

图 10－25　南风股份 K 线图（时间：2012. 12. 04—2013. 01. 22）

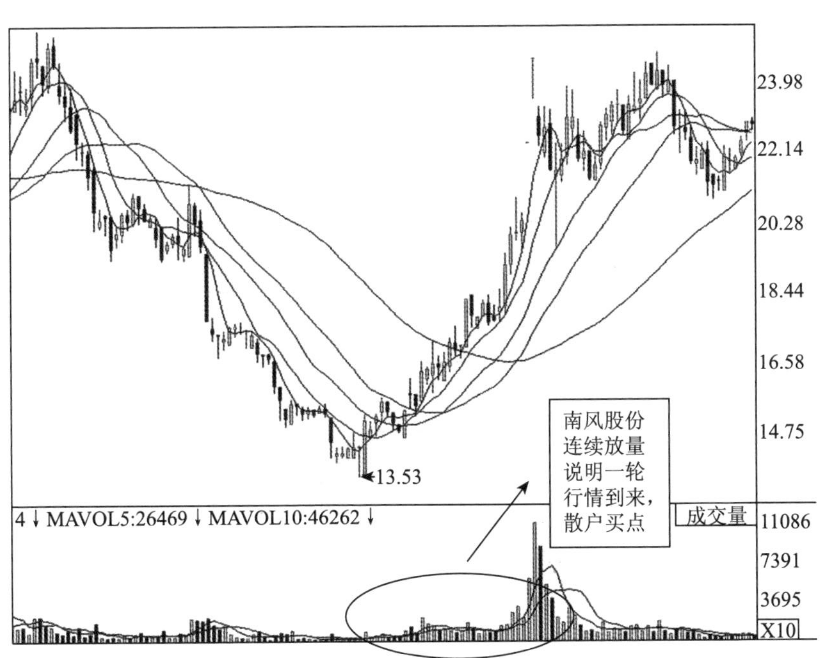

图 10－26　南风股份量柱图（时间：2012. 12. 04—2013. 01. 22）

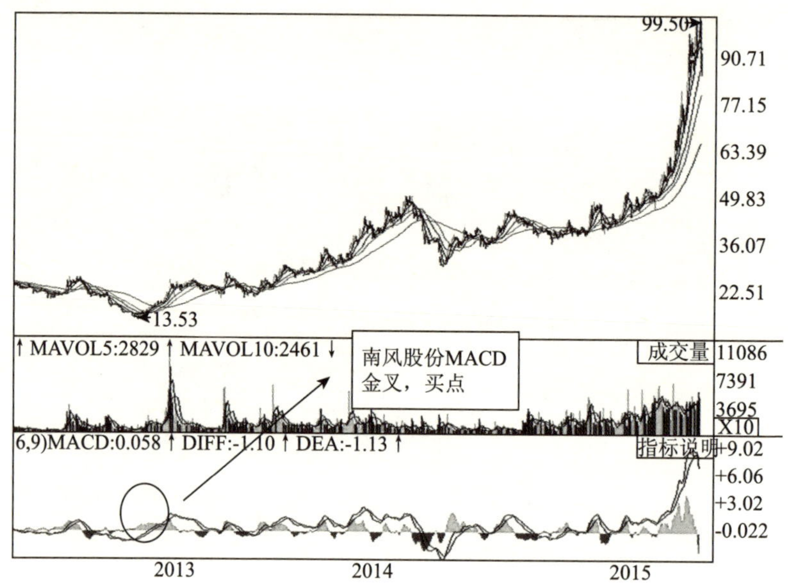

图 10－27　南风股份 MACD 图（时间：2012. 12. 04—2013. 01. 22）

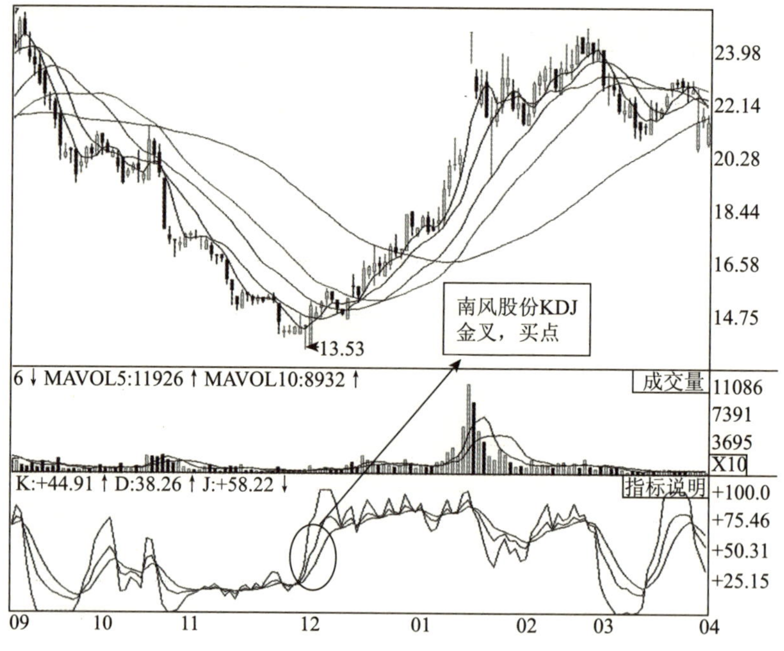

图 10－28　南风股份 KDJ 图（时间：2012. 12. 04—2013. 01. 22）

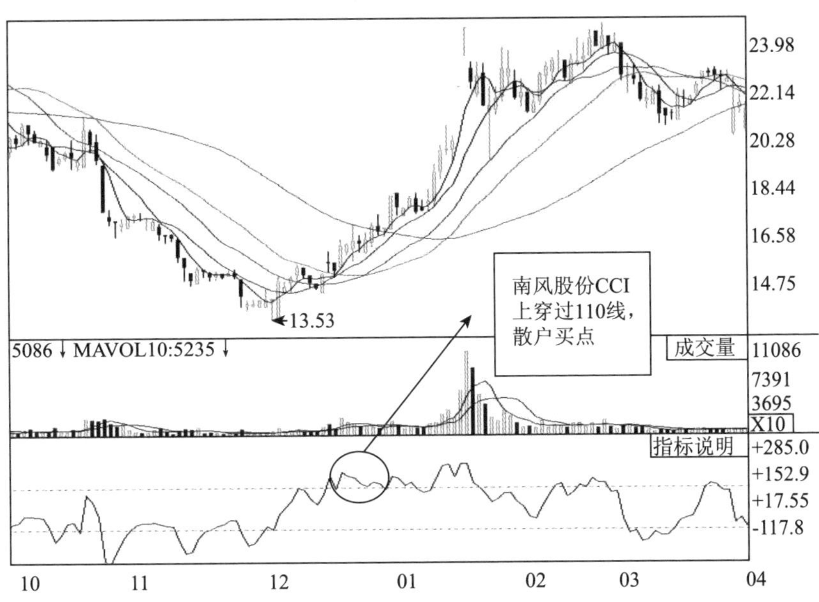

图 10－29　南风股份 CCI 上穿 110 线图（时间：2012. 12. 04—2013. 01. 22）

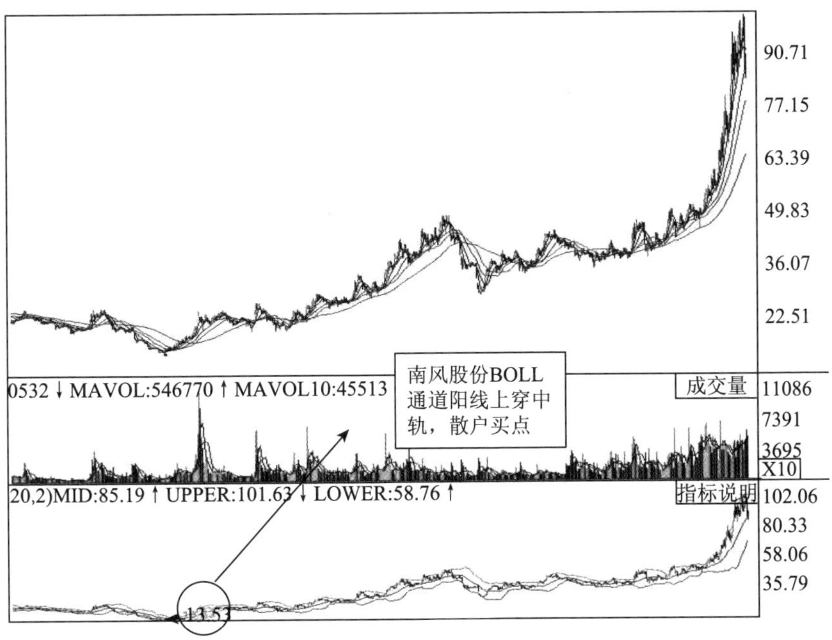

图 10－30　南风股份 BOLL 通道图（时间：2012. 12. 04—2013. 01. 22）

六、抚顺特钢（600399）

1. 当时上证大盘分析

从2014年1月10日至2015年6月9日，上证大盘指数大涨，指数从2008.01点涨到5164.95点，上涨幅度为257%，大盘行情是大牛市。

从2014年1月10日至2015年6月9日，抚顺特钢的股价，最低5.05元，最高44.69元，涨幅为884%，是一只金牛股。

2. 金牛股所在板块分析

抚顺特钢所在板块是特种钢板块。由于我国高端制造业和军工产业的发展，提高了对特种钢板块产品的需要，所以该板块指数上涨幅度很大，从2014年1月21日至2015年6月19日，特种钢板块指数从532.72点至1978.24点，上涨幅度为372%。

3. 政策面分析

国家鼓励有色金属产业发展。由于当时我国的军工、核电产业发展状态良好，加大了对特种钢产品的需求，使特种钢产品价格大涨，特种钢产业的预期良好。

4. 基本面分析

（1）上市公司简介

①公司背景。抚顺特钢的全称是东北特殊钢集团有限公司，是一家大型特种钢生产企业。主要产品是合金结构钢、工具钢、不锈钢、高温合金等系列产品。

②产品技术优势。公司生产军工用钢、风电及核电用钢。公司

拥有多项发明专利，产品销售情况良好。工艺方面，Cr12 系列扁坯以轧代锻，T91 管坯料连铸代替模铸，均处于国内领先水平。

（2）股本与财务分析

公司2014 年的主营业务收入12.89 亿元；净利润6100 万元，同比增长919.57%；每股收益0.05 元，每股净资产1.39 元。业绩出现拐点。

5. 资金面分析

抚顺特钢总股本13.00 亿股，流通股本11.30 亿股，大部为流通股。从2014 年1 月10 日开始，买入资金连续多日增长，主力筹码不断增加，5 月30 日以前主力已高度控盘，主力掌握筹码达60%以上，已达到拉盘的条件。

6. 金牛股特征分析

（1）量能特征

2014 年1 月10 日至5 月30 日，抚顺特钢形成了双洼地黄金量底部，股价一底高于一底。在突破前期箱顶时，股价在右侧温和放量，均线多头发散，同时沿5 日均线慢慢上行，走出一个漂亮的发散弧线形。当股价接近前期压力位时，5 月15 日，该股以高涨6.92%宣告突破开始，5 月30 日，该股连续放量突破前期高点。这一稳健的操盘手法，引人关注，说明该股上升空间巨大，一波大行情已开始。

（2）涨停特征

2014 年5 月30 日，抚顺特钢股价大涨5.50%，之后又连续放量拉升，这是一波大行情的开始，该股从此连续上涨，股价从6.81 元涨到44.69 元，大涨646%，是一只金牛股。

7. 技术指标分析

（1）MAVOL 量柱指标分析

从 2014 年 1 月 10 日到 2014 年 5 月 30 日，抚顺特钢 MAVOL 量柱指标一直连续放量，柱状线的红柱多次出现并不断扩大，股价不断提高，表明主力经过长期建仓后，开始拉升股价，一轮大行情已经到来。

（2）MACD 指标分析

从 2014 年 1 月 10 日到 2014 年 5 月 30 日，抚顺特钢 MACD 指标一直运行在 0 轴之上，MACD 柱状线的红柱多次出现并不断扩大，但股价始终在箱体中运行，表明主力一直在震仓洗盘。2014 年 1 月 10 日到 2014 年 1 月 29 日，股价上涨启动之前，MACD 指标中的 DIF 和 DEA 一度从 0 轴之上跌至 0 轴之下。5 月 30 日股价大涨 5.50%，使得绿柱收窄，股价突破前期压力位，使 MACD 指标的 DIF 和 DEA 形成金叉，爆发临界点出现。

（3）KDJ 指标分析

在筑底过程中，当 KDJ 的参数设置为（9，3，3）时，2014 年 5 月 15 日，K 值为 30.13，且 D 值为 29.11，J 值为 32.16，并在图形上呈现为 KDJ 指标金叉。

根据 KDJ 指标金牛股启动前后的特征，启动点将出现在 KDJ 指标双底形态的金叉这个时间点，即 2014 年 5 月 30 日将是股价上涨启动的时间窗口。

（4）CCI 指标分析

从 2014 年 1 月 10 日到 2014 年 5 月 30 日的筑底过程中，CCI 的参数线逐渐走平并上穿，当 CCI 参数线上穿过 110 线，表明买入点已到来，散户可在此点买入。

（5）BOLL 指标分析

2014 年 5 月 30 日，K 线带量向上突破 BOLL 指标上轨，并且 TRIX 指标也已低位金叉，说明该股将进入一个中长期上行趋势中，这是 BOLL 指标发出的买入信号，散户应该买入股票。

8. 均线分析

从 2014 年 1 月 22 日开始，趋势线（120 日均线）走平后缓慢上行。2014 年 1 月 30 日，强势线（60 日均线）正式从下上穿趋势线，形成中长期均线多头排列。2014 年 5 月 30 日，股价涨 5.50%，一阳穿过 5 日、10 日、20 日、60 日、120 日多条重要均线，宣告前 3 次抚顺特钢探底趋势成功。5 月 30 日，均线全部多头排列，股价上涨行情正式启动。

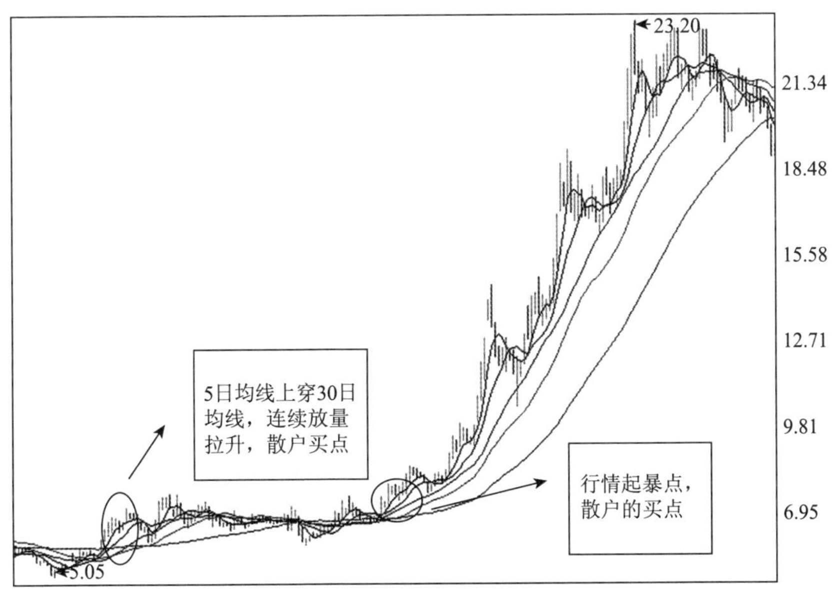

图 10－31 抚顺特钢放量突破 K 线图（时间：2014.01.10—2014.05.30）

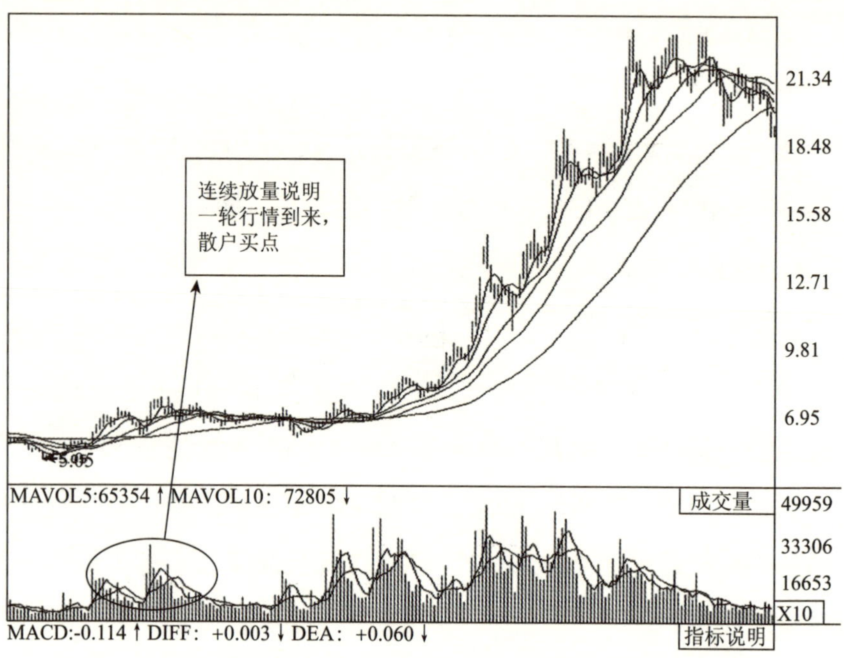

图 10－32　抚顺特钢量柱图（时间：2014. 01. 10—2014. 05. 30）

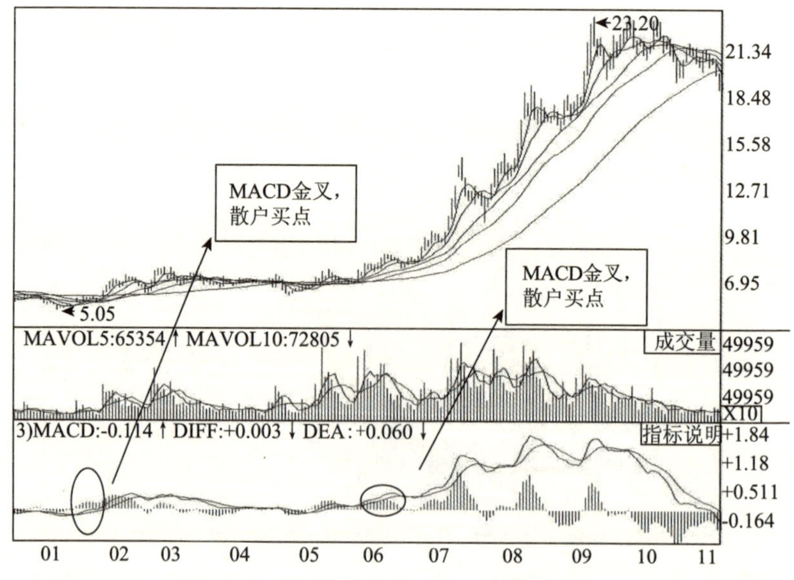

图 10－33　抚顺特钢 MACD 金叉图（时间：2014. 01. 10—2014. 05. 30）

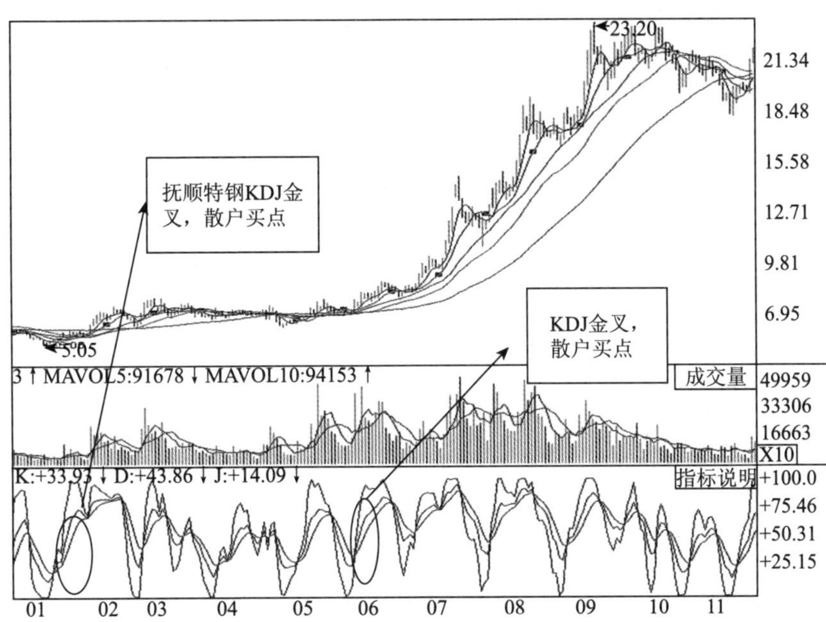

图 10－34　抚顺特钢 KDJ 金叉图（时间：2014. 01. 10—2014. 05. 30）

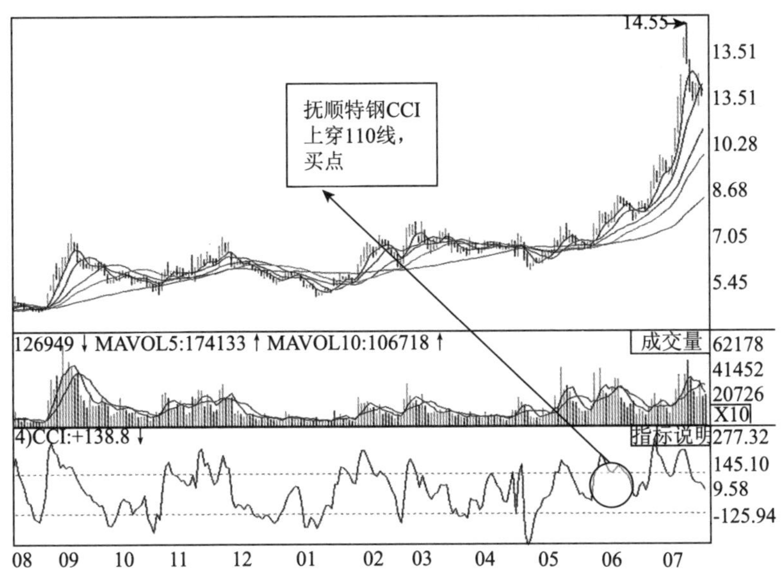

图 10－35　抚顺特钢 CCI 上穿图（时间：2014. 01. 10—2014. 05. 30）

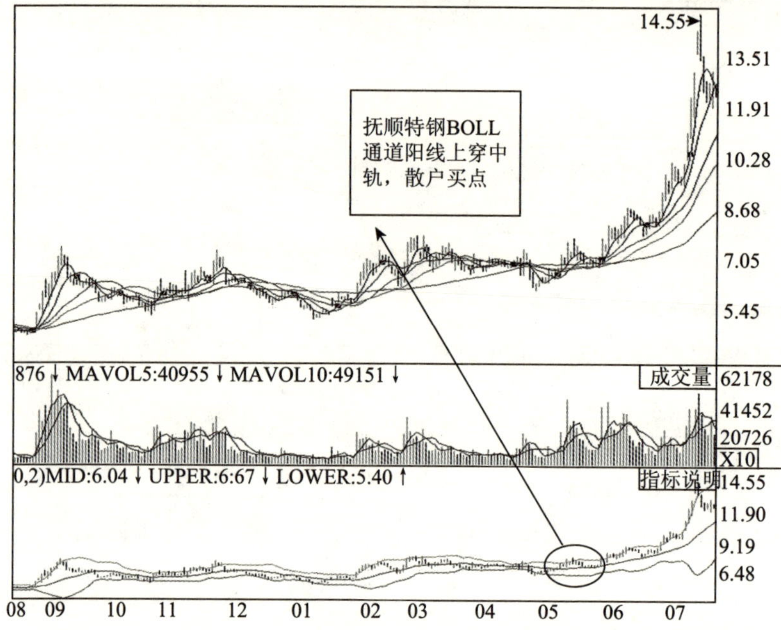

图 10－36 抚顺特钢 BOLL 通道图（时间：2014. 01. 10—2014. 05. 30）

第十一章　如何规避股市风险

投资的三个要点：一是不要赔钱；二是记住第一条；三是同样记住第一条。这是美国投资大师格雷厄姆的投资理念。他说："投资是通过透彻的分析，在保障本金安全的基础上获得令人满意的回报。"格雷厄姆在这里道出了投资的真谛。那么我们中小股民在股市中应怎样生存，怎样规避股市风险呢？

一、规避股市风险的八大要求

1. 熟知股市专业知识，掌握各种技术指标

股民应该学习有关股市的各种知识，熟练掌握相关专业技能，尤其是掌握各种技术指标，但不能机械地运用。初入股市，如果一开始学习之路走歪了，不仅浪费时间，还会损失金钱。不好的投资习惯，一旦形成，只能导致赔钱。在市场上，有大量价值不高的股票类图书，以技术分析类图书最具代表性，散户读这些书要有分析的眼光，不要盲从。建议多读些经典投资书，如巴菲特的致股东的信、格雷厄姆的《证券分析》、《聪明的投资者》，以及费雪的《怎样选择成长股》等。这些图书对散户是有帮助的。

只有选择那些真正能跑赢大盘、企业本身的业绩能持续性上升

的优秀的上市公司，同时又能在低位买入，才是正确的投资之路。投资的基石，绝不是根据股价计算出来的某一两个指标的金叉和死叉，绝不是经过股价平均计算出来的某一两条均线。从长期来看，研究市场就是要研究上市公司的价值，就是研究股市大牛市行情何时来到，何时结束；从短期来看，就是要研究市场的供求关系，研究市场的券商、基金、法人及普通投资者的买卖情况。

2. 认清投资大势，规避股市的系统性风险

投资看大势，大势看不清就不能炒股，这是被众多投资事实证明了的真理。笔者曾经于2008年2月上旬操作过同仁堂，由于大盘已进入熊市，结果损失惨重。股市进入熊市以后，90%以上的股票都跌，这时你买股票，赔的概率是90%。所以，熊市空仓就是赚钱，就是保住了胜利成果。因此，牛市可以用你账户里80%的资金买入股票，之后一路持有，等到大盘行情结束时，卖完手中的股票。熊市空仓，远离股市。震荡市，把握好行情的开始与结束，可以作波段操作，可在开始时买入，结束时卖出。

3. 确定自己的操作风格

坚守金牛交易投资理念，积极关注热点板块的轮动，坚持在每轮行情开始时，买一只金牛股，到大盘行情基本结束时卖掉该股的操作模式。努力使自己的账户增值，切不可盲目追涨杀跌。这就是一套很好的操作模式。

而要想在股市里取得成功，成为一个赚钱高手，就必须总结出一套适合自己的操作模式。这套操作模式，需要在股市中长期地摸索、学习，反省、总结。

4. 制定科学周详的资金运作计划

在股市里，应恰当地运用你的资金，以便在各种情况下都有充

裕的空间来调度，不致捉襟见肘，亏损巨大。这就是资金运作计划能为你做的事。

大多数股民都把注意力放在股票价格的涨跌上，愿意花时间、精力去打探各种利多利空消息，他们非常注重研究技术指标对股票价格的影响，希望能做出最准确的价格预测，但常常忽略对自己账户资金的计划和调度。

事实上，股民资金的计划调度、运用策略等所有一切，都基于一项最基本的观念——分散风险。资金运作计划正确与否、使用得当与否，都可以用是否确实将风险分散作为判断标准之一。

股民，尤其是初入市场的股民，手中握有的股票种类应该尽量少，最好一至二只，绝不能太多。

具体操作上，可将资金分成三份。第一份作为第一次投入的先锋队，第二份作为筹码，第三份作为补投资金。

例如100万元的资金可分为40万元、30万元、30万元这样3份。在作各种分析后，选择一只金牛股，投入第一份资金40万元开仓交易；当行情如预测一样的走势时，随即投入第二份资金30万元作为筹码，逐渐加码，并随即选定获利点获利离场；当行情走反，朝着不利方向发展时，此时第二份资金30万元配合做摊平。而最后一份资金30万元，可以灵活运用，在行情大好时追杀，在行情大坏时当成反攻部队，弥补损失。

必须明确的是，这些操作动作，均需对行情进行较准确的判断，散户要时刻保持清醒、克制的头脑，行情走对时，要下得起狠心加码追杀；行情走反时，要耐心、冷静地选择反攻机会。

5. 精选个股

做股票最重要的是什么呢？最重要的是选对个股。个股选对了，会赚钱，选错了会赔钱。这是每个股民必须牢记的。

其实在投资中，经常能听到一些朋友讲解投资赚钱的基石问题。有人说："按三金叉买入股票，就能赚钱。这就是投资赚钱的基石。"其实，这种说法是很可笑的。难道某一两个技术指标的金叉，就能永远保证你赚到钱吗？我们不能将个别的成功经验上升为赚钱的普遍规律；不能不顾牛市和熊市的区别，去运用技术指标。难道一两个指标提示买入就能让你赚到钱吗？天下没有这么简单的事。

投资获利的基石、在市场中能够给我们散户带来利润的源泉，是上市公司的业绩，只有上市公司创造出真正的业绩，才能长期稳定地给投资者带来稳定的投资回报。

虽然从短期来看，股价的涨跌受货币供求关系的影响，但从长期来说，股价的涨跌是由上市公司的业绩决定的。正如巴菲特所言："短期而言，股市是一个投票机；长期而言，股市是一个称重机。"精选个股关键要看两点：一是看该企业的成长性；二是看该股的价格足够低于其价值，即它的动态市盈率应该不高于12倍。

6. 禁止在牛市中频繁操作

牛市中要拿住牛股，不要乱动、乱操作。真正的一流高手就是要在牛市中有良好的心态，顺大势，拿住金牛股。牛市中乱交易股票，不但赚不到钱，还会赔钱。

7. 不要借钱、贷款、卖房炒股

散户大部分都是带着发财梦进股市的。因此，散户都希望有更多的钱来炒股，都恨不能将一分钱当两分钱来用。于是，借钱、贷款、卖房炒股，也便成了一些"股市聪明人"的"生财之道"，他们把借钱炒股当成了借鸡下蛋的美事。对借钱、贷款、卖房炒股，应该具体分析。如果该散户拜过股市牛人、经过严格的股票操盘训练、业绩突出，可以在恰当的时机尝试一下，但对于普通散户，包括自认为自己学习了几年股票操作技术的人，借钱、贷款、卖房炒股，是万不可行的。

虽然股市上涨时，本钱越多赚得越多，但是我们也应看到，一旦股市下跌，那同样也是本钱越多亏得也越多。笔者的一位张姓朋友是个老股民，入股市已有十几年。2010 年春节前，自认股市一轮行情即将到来，向弟弟、妹妹借了几十万元钱。可他刚进股市，才发现这原本不是一轮行情，而是一个小反抽，结果，赔了十几万元，到春节前，弟弟、妹妹要他偿还借款时，他不得不割肉卖出股票还款。

一位在大户室里的朋友命运更惨，虽然他没有向人借钱，但他却向证券公司“借”了钱，他是透支炒股。结果股票下跌了，他买的股票被强行平仓，数十万元本金亏空一净不说，还被证券公司扫地出门，“请”出了大户室。因为这些亲身的经历与活生生的教训，从此，他便将不借钱炒股与不透支炒股列为自己炒股的第一原则。其实，仔细想来，“借钱炒股”等实际上是投资者贪婪的一种表现。由于散户脑海里想的都是股市上涨时的赚钱情景，而对股市的风险却认识不足。因此，他们总希望用更多的钱来赚钱，就是借钱炒股也在所不惜。然而，股市偏偏是一个让大多数散户亏损的地方，“一盈二平七亏本”的事实，决定了借钱炒股者更多只能是以失败而告终。因此，散户炒股只能是量力而行，要以自己所能承受的风险来决定自己对股市的投入。

结合当前的股市，有人主张个人向券商融资，加杠杆操作，实际上这也是一种“借钱炒股”。对于股民个人来说，向券商融资，加杠杆操作与原来券商开办的透支炒股并没有多大的区别，账户都在严格的监控之下，都设置有警戒线，都有强行平仓的规定。只要你持有的股票下跌到警戒线下，就会立即被强行平仓。券商当即可将融资连本带利分文不少地收回，损失的还是散户。

2015 年，湖南长沙一名 32 岁的男子侯先生以 170 万元的资金，加融资 4 倍杠杆，投资总额 840 万元，全仓投入中国中车，2015 年 6 月 9 日、10 日，中国中车连续 2 个跌停，使他的账户暴仓，券商强行平了他的仓，结果 170 万元全部赔光。其后，他的妻子又不理智，同他吵了一架，这位男子承受不住这种压力，于 10 日晚跳楼自杀。侯先生跳楼前以名为“想挣钱的散户”的 ID 在股吧留下一段话：

“离开这世界之前我只想说，愿赌服输，本金 170 万加融资 4 倍，全仓中车，没有埋怨谁，都怪我自己贪心，本想给家人一个安逸的生活，谁想输掉了所有，别了！家人，我爱你们，我爱这个世界！”

这一惨痛的案例告诉我们，普通散户，由于没有经过炒股的专业训练，承担风险的能力也有限，因此既不能借钱、卖房炒股，也不能融资加杠杆炒股。

8. 禁止买问题股

所谓问题股就是该股票所代表的企业问题多多。诸如：企业主要股东之间交恶太深，不团结；企业造假、违规经营；企业出现巨亏现象；企业发展战略出了方向性的错误；企业面临退市风险等。买问题股风险巨大。问题股可能由于被炒作等会有短时的股价上涨，但终不能持久，市场会对这种不负责任的上市公司加以处罚，往往会股价暴跌甚至被作退市处理。因此，远离问题股是我们散户操作的一个铁律。

二、金牛股的止损止盈技术和限度

1. 金牛股的止损技术和限度

（1）金牛股的止损技术

保住本金，就等于有了致富之本。因此，在股市中学会止损是非常重要的。所谓止损就是当投资者买入股票后，发现该股票不但不涨反而跌了，为了减少损失，投资者在亏了资金的情况下卖出股票。

一般来说金牛股的止损有三种方法：

其一，散户在相对低位的一个箱体中买入股票后，发现手中的股票不但没涨反而下跌，当股价跌破前期最低点时，要果断止损出局。

其二，金牛股在启动前或启动时，散户并没有及时跟进买入，而是在该股股价相当高的高位时买入。买入后，开始涨了有浮盈，但随后几天股价又跌下来，当本金亏损到一定比例时应清仓出局。

其三，散户经过反复研究后，买入了一只自己认为将会成为金牛股的股票，但买入后该股却长期不涨或因其他利空因素，其基本面出现重大的不利的变化，此时，也可卖掉该股，换股操作。

（2）金牛股的止损限度

①牛市止损限度

牛市初期止损限度额可设为30%。即散户买入股票后，在该股买入价的基础上下跌30%时止损。如买入股价为10元，该股价下跌至7元时，卖出止损。牛市初期，个股虽然有跌有涨，但总体上涨的概率较大，有时庄在拉升股价前，故意挖一个坑，震走散户后，再轻身往上拉升。所以，牛市初期散户止损限度可以放宽些。

牛市中期止损限度额可设为26%。即散户买入股票后，在该股买入价的基础上下跌26%时止损。如买入股价为10元，该股价下跌至7.4元时，卖出止损。牛市中期，大盘总体还是上涨的，个股基本上没有出货现象，虽个股有跌有涨，但由于大盘总体向上，个股经过调整后，也会随大盘上涨。所以，牛市中期散户止损限度额也可放宽些。

牛市后期止损限度额可设为3%。即散户买入股票后，在该股买入价的基础上下跌3%时止损。如买入股价为10元，该股价下跌至9.7元时，卖出止损。牛市后期，个股获利太多，庄随时可能出货，有些股票的庄已经在出货。况且大盘一旦下跌转熊，个股的跌幅会很大。所以，由于风险加大了，散户的止损限度额应该收窄。

②震荡市止损限度

震荡市期止损限度额可设为4%。即散户买入股票后，在该股买入价的基础上下跌4%时止损。如买入股价为10元，该股价下跌至9.6元时，卖出止损。震荡市中，热点板块轮动快，散户很难判断自己所买的股将来是涨还是跌，因此，散户止损要非常严格，绝对不能犹豫。

③熊市止损限度

熊市止损限度额可设为2%。即散户买入股票后，在该股买入价的基础上下跌2%时止损。如买入股价为10元，该股价下跌至9.8元时，卖出止损。熊市中个股纷纷下跌，风险巨大，所以，止损的标准也更为严格，以防散户受到更大的损失。

2. 金牛股的止盈技术

止盈就是投资者买入股票后，获得了一定的利润后将股票卖出，获利离场，落袋为安。只有止盈，才能真正获利，才能把浮盈变成现金，才是真正地赚到了钱。这是对散户来说最重要的股票操作技术之一。金牛股止盈可分为两种：

（1）金牛股动态止盈

动态止盈是投资者常用的止盈方法，就是当投资者买入的股票已有盈利时，由于股价上升形态完好或题材还未尽等原因，投资者认为还有上涨空间，因而继续持股，一直等到股价出现回落，当回落到某一标准时，投资者作出获利卖出的操作。

金牛股动态止盈位的设置标准有：

价格回落幅度。股价与最高价相比，减少 5%~10% 时止盈卖出。当然，散户也可以根据当时的具体情况，见到大盘和个股的大顶时，将股票卖出。

均线破位止盈。在上升行情中，均线是追随股价上升的。一旦股价回头击穿均线，意味着趋势转弱，投资者可以立即止盈，以保证利润落袋。

技术形态止盈。当股价上升到一定阶段出现滞涨，并构筑各种头部形态时，要坚决止盈。

（2）金牛股静态止盈

静态止盈就是指投资者买入股票前，首先设立具体的盈利目标，买入股票后，一旦达到这个盈利目标，就坚决止盈。

大牛市中，金牛股静态止盈目标，可以设为 5~6 倍，即买入价格的 5~6 倍。例如：某只股票买入价格是 10 元，买入该股票后，当股价涨到 60~70 元时，可以卖出止盈。

震荡市中，金牛股静态止盈目标可以设为1.2～2倍，即买入价格的1.2～2倍。如某只股票买入价格是10元，买入该股票后，当股价涨到22～30元时，可以卖出止盈。

三、散户不作左侧交易，只作右侧交易

散户在股市交易中为了提高胜率，应尽量不作左侧交易，只作右侧交易。

1. 什么是左侧交易

左侧交易是指逆势交易操作，即买入方向和股价运动方向相反的交易。其特点是：在价格抵达或者即将抵达某个所谓的重要支撑点或者阻力点的时候就直接逆向入市，而不等待价格转势。

左侧交易，就是在市场下跌的时候，虽然还不知道底部会在什么时候出现，但却觉得股价是合理的了，有足够的吸引力和达到安全边际了，就选择买入它。这种操作并不考虑市场趋势问题，因此，风险极大。

2. 什么是右侧交易

右侧交易是指顺势交易操作，即买入方向和股价方向相同的交易。其特点是：在明确市场趋势后，在知道大盘企稳时，再顺着股价上涨买入股票。如图11－1。

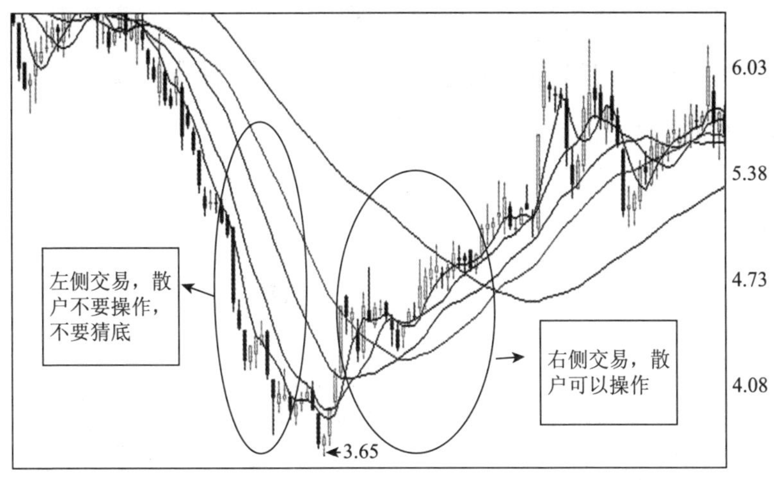

图 11－1　左侧交易与右侧交易

3. 为什么左侧交易风险大，右侧交易风险小？

左侧交易，是在股价下跌过程中的交易，由于股价随惯性下跌，所以，交易后损失的可能性就大。散户在左侧交易时，市场底部什么时候出现并不知道，市场企稳的信号更没看到，只是凭本人的判断来买入股票。比如：有的散户觉得股价已到重要的支撑位，已有足够的安全边际了，遂买进股票，结果股市继续下跌，该散户就会被套住。因此，这种不考虑市场趋势的操作，错的概率极高，风险极大。

右侧交易，就是在股价上涨过程中的交易，由于股价随惯性上涨，所以获利的可能性就较大。右侧交易是在市场上涨趋势已经明确、大盘已经企稳的情况下进行操作，因此，上涨的概率较高，成功的概率较大。但散户在进行右侧交易时，也要防止在股价顶部加仓买入的行为，以防被套。投资界流传一句话："左侧交易是业余水平的标志，右侧交易是专业水平的证明。"这句话告诉散户要想达到专业水平，就必须坚持右侧交易。

其实一个能持续战胜市场的法则应该是：中长期趋势必须坚持右侧交易，而短期趋势坚持左侧交易。也就是说，一波大熊市没有看到明确的底部出现时，把所有的上涨都看成反弹，而一旦牛市确立，应该把任何一次回调都看成是介入的大好机会。

四、熊市一般散户必须空仓，特殊散户可以作空股指

有人认为在熊市中能赚钱才算是高手，其实这是一种非常错误的观点。如果按这种说法去操作，将会赔得倾家荡产。古语说：“君子不立危墙之下。”在熊市中作股票是一件非常危险的事，往往为了挣5%的利润，会损失90%以上的本金。除非他是大散户，有作空股指的资格，可以去作空股指。

1. 大盘见顶时必须把股票全卖完

当大盘见顶时，散户必须把手中股票卖完，第二天上午把股市上的资金转到银行账户上，这样才叫落袋为安，才算这一轮真正挣到了钱。为什么大盘见顶时我们必须把股票卖完呢？原因有三：

（1）大盘此时将由上涨变为下跌，牛市转为熊市，下跌的幅度是巨大的、任何人难以预料的，如果我们此时不把股票卖掉，我们所赚到的利润加上本金都有可能重新赔掉。

（2）虽然在熊市中有反抽，但一般来说，上涨的幅度都不会超过20%，你也不可能在第一时间、最好的点位买进股票，所以，当你买进之后，一般会被套住，第二天如果你不割肉卖掉，就会继续更深地被套牢，之后的日子里如果你还不卖掉，你就会被深度套牢，甚至一辈子都会被套牢。

（3）熊市不言底。当熊市来临时，股票会跌到什么位置，会跌

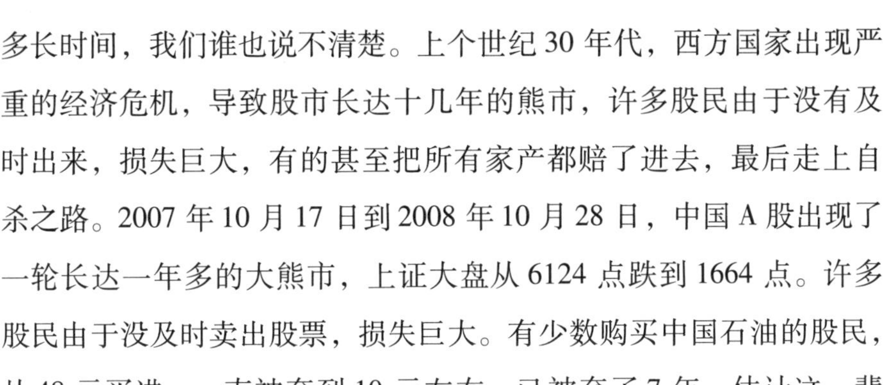

多长时间，我们谁也说不清楚。上个世纪 30 年代，西方国家出现严重的经济危机，导致股市长达十几年的熊市，许多股民由于没有及时出来，损失巨大，有的甚至把所有家产都赔了进去，最后走上自杀之路。2007 年 10 月 17 日到 2008 年 10 月 28 日，中国 A 股出现了一轮长达一年多的大熊市，上证大盘从 6124 点跌到 1664 点。许多股民由于没及时卖出股票，损失巨大。有少数购买中国石油的股民，从 48 元买进，一直被套到 10 元左右，已被套了 7 年，估计这一辈子可能都难以解套。

2. 在熊市中，小散户要远离股市

为什么在熊市中小散户要远离股市呢？熊市时，股市就是绞肉机，你进去的资金越多，就会赔得越多，你在股市操作的时间越长，你身心受损失的程度就越大。熊市，大盘总体趋势是向下，个股纷纷下跌，即使有小反抽，也是小短线机会，很难把握。往往是刚一买入，就又下跌了，而且跌的幅度太大、太吓人，会给散户造成巨大损失。所以，我们不主张小散户在熊市中做多。

至于有些大散户，手中开户资金超 50 万元，可以开通期权，作股指期权等，作空也能赚钱，这不在本书的探讨范围之内，本书不加议论。

3. 会空仓才是掌门人

股市中人们常说：“会买的是学生，会卖的是老师，会空仓的是掌门人。”这就说明，空仓在股市中是高手才能做好的事情。只有会空仓才能把所挣到的钱放到自己的口袋里，才算是真正挣到钱。只有会空仓才能规避熊市急跌所带来的风险和损失。

炒股是一门艺术，需要按一定的节奏和程序进行买—卖—空—

买一卖一空，无限循环。

空是一个重要的节奏和程序，只有做到在恰当时机和恰当的点位空仓才能损失更小，活得更好，赚更多的钱。

4. 只有规避风险，才能把握机会

在股市中，散户只有学会规避风险，才能长时间生存下去，才能把握股市上涨赚钱的机会。要规避风险必须做到以下三点：

（1）要有止损的意识。每次买进都要设止损线，当大盘上涨趋势改变，个股又跌破止损线时，要果断卖出手中股票，迅速撤离股市。

（2）当熊市没有结束，出现反弹时，不要买股票，不要因小失大。

（3）要耐心地等待一轮新的行情来临，当大盘真正企稳时，再买进个股，买股要慢半拍。

5. 熊市中不要抢反弹

熊市中为什么不要抢反弹？首先，熊市中热点板块轮动很快，有时一两天就过去了，散户很难抓住热点、抓住个股的买入点。其次，个股随大盘涨跌，大盘反弹一般幅度很小，刚一向上，就掉头向下，个股也与大盘一样，刚一上涨，就马上下跌，所以，散户抢反弹将会给自己带来巨大的损失和无尽的烦恼。此时的反弹上涨空间很小，下跌空间巨大，一般散户很难有很高的操作技巧，去把握买入点和卖出点。我们不能为了蝇头小利而导致我们倾家荡产。

6. 逆市操作必然付出惨痛代价

在熊市中，很多逆市操作者都付出了巨大的代价，损失惨重。逆市操作的危害主要表现在以下几个方面：

（1）看见一点儿反弹，就不顾后果地买进，结果被大盘和个股的下跌深度地套牢。

（2）由于听到某种不准确、不真实的消息，自以为大盘跌到某个点位就不会再跌了，当大盘真的跌到此点位时，一些散户会毫不犹豫地买进股票，结果大盘和他所买的股票并没有止跌，而是继续下跌，他账号上的资金又损失过半。

（3）一些散户按照某种技术理论，分析认为大盘跌到某一点会有强支撑，当大盘跌到此点时，他买进股票，但大盘并没有撑住，他所买的个股也仍然下跌，结果被一轮又一轮的下跌深套其中，损失巨大。孰不知，熊市中大多数技术指标不能反映股价的变动，因此并无参考价值。

第十二章　炼造良好的心态和意识

“在股市里面性格因素也是非常重要的因素。一颗正常的心脏远比你的技术分析重要得多。投资不悲过去，非贪未来，心系当下，由此安详。让该来的来，让该去的去，不欣羡别人，不哀怜自己；不留恋过去，不幻想未来，把握现在，播散良种，只问耕耘，不问收获。不强求，不妄取，贵在随缘。不欺天，不欺人，不欺己，君子存诚所以自在；不怨天，不怨人，不怨己，投资大师随缘所以常乐。”这是中国一位笔名为凯恩斯的著名投资人的话。我也很赞赏这段话里的道理。

一、投资者必备的四种心态

1. 长期投资的心态

入股市前你要好好思考思考，你是否适合炒股？一般说，社会上 80% 的人不适合炒股。股市过去、现在是少数人赚钱，未来还是少数人赚钱，这种大多数人赔钱、少数人赚钱的现象是不会改变的。因为，恐惧和贪婪，是人难以改变的人性弱点。

心理素质不好者，基本上都不适合炒股。如果你心理素质不好，怕股价波动，你就不要进股市炒股。

如果你觉得你心理素质还行，下定决心一定要炒股，则建议你，在下股海之前，一定要拜个有经验、有业绩的股市牛人为师，认真学习股市知识、股市教训、操作模式，特别是止损纪律。之后，经过反复模拟训练后，再进行实盘操作。这样做才是对自己的资金负责，对家人负责。

如果你经过学习、模拟训练、实盘操作后，发现自己适合炒股，那么，你就要树立长期投资的思想观念。短期投资很难盈利，有时再有经验的牛人，也可能赔钱。只有长期投资，在股市博击中掌握了股市运行的规律，你才能真正赚到钱。巴菲特就是一个成功的典型。

2. 灵活应变的心态

凡事需灵活处置，不可死板、教条，要一把钥匙开一把锁。股市中，不可死死遵守技术指标操作，要有灵活应变的心态。

有的人炒股十几年，始终没有挣到钱。究其原因就是：头脑不灵活，不分熊市、牛市、震荡市，一律是按技术指标操作。他们不知，熊市中技术指标是不管用的。牛市和震荡市中技术指标的表现也不尽相同。

如果你死板地按技术指标操作，那么可能你会赔得本金无几。所以，在股市中想要活下来，想要挣钱，就必须灵活地对待股市大势的变化、股票价格的变动。行情来了就买进，行情走了就卖出，不要太在意繁多的技术指标。

3. 沉稳冷静的心态

炒股，必须学会冷静地对待股市中的各种现象，尤其是要冷静而对机会和风险。赔钱迷茫时，学会让自己安静，把思维沉浸下来，反思自己为什么赔钱，以便今后吸取教训；赚了钱也不要过于兴奋，要学会归零，把每一天都当作一个新起点。心情烦躁或昂奋时，让自己安静下来，喝一杯清茶，放一曲舒缓的音乐，闭眼，回味以往的人与事，慢慢思考未来。这些既是一种休息，也是一种修行，投资本身也是一种修行。

有两件事对投资者来说是最重要的。一是健康，投资的企业要健康，本人的身体更要健康。如果说人生是一棵大树，健康就是这棵树的根，根深才会叶茂。没有健康的身体，荣华富贵皆烟云。二是心态。投资的成败得失，只在一念之间，心态不同，投资的结果便会天差地别。只有修炼一颗淡泊宁静的心，投资才会风清月明，阳光灿烂。健康需要锻炼，心态需要修炼，命运必须掌握在散户自己手中。

4. 逆向思维的心态

投资是不易之事，不必事事求得别人的理解和认同，因为，股市赚钱的，只有少数人，大多数人的投资意见都是错误的。股市中庄家和散户，是一对矛盾，彼此都想赚对方的钱，都要把自己真实的一面隐藏起来，因而散户很难猜到庄家的真实想法。因此，要养成独立思维的心态，真正搞清庄家的真实意图。股价很低时，不要怕利空消息；股价高时，要反向思考利好消息。

二、投资者应有的五种意识

1. 大盘见底企稳时要敢于重仓买金牛股

大盘见底企稳时，往往是很多人认为股市不太好时。因为，股

市大跌很长时间后，往往在底部震荡得很厉害。一旦有重大政策利好出台后，就可能出现一波上涨行情，这时一定要敢于重仓买金牛股，敢于大胆出手大资金买股票。

2. 牛市中要能够抗震荡，持住股

牛市是每位炒股人梦寐以求的机会，但牛市真正来到后，很多人仍然还是赚不到钱。为什么呢？就是因为在牛市中买到牛股后，抗不住股价的震荡，持不住牛股。从 2005 年 6 月到 2007 年 10 月，在长达两年多的牛市时间内，有的人却没有赚到钱，其原因就是持不住股，乱动。

所以，牛市中要能持住金牛股、抗住震荡。所谓金牛操作法就是要看清大盘的趋势，判断好行情的级别，要比别人看得远一点，多研究一点企业，多坚持一点时间，多品尝一点寂寞，多调整一下心态。当你买入金牛股后，就要坚决持住，到行情结束时把股卖出。

3. 熊市中要空仓，不贪小利

股市里有一句名言：会空仓才是掌门人。这说明空仓在股市操作中的极端重要性。

熊市中要有良好的控制力，不能有报复心，不能刚愎自用，学会忍让，要有铁的纪律，严格执行。

某证券公司大户室有位大户，自己认为学过股市知识，有一定的经验，在大盘相对处于高位时重仓买进股票，但大盘下跌时，没有及时止损，结果很快被深深套牢。为了救这些被套股票，又破釜沉舟用大资金加仓，结果由于大盘熊市已确定，股价继续下跌，他又被套牢。在万般无奈的状况下，他选择了跳楼，结束自己年轻的生命。

股市不是谁都可以进入的，它的风险之大是难以想象的。心理素质差、经不起股市波动的人，最好不要进股市。股市总是涨涨跌跌在震荡中运行，散户应能以平常心看待这种震荡。

4. 大盘见顶时要抑制住进一步的贪念，果断卖出

大盘见顶时，有的股可能还在涨，这时我们不能贪，要及时卖出自己手中的股票。此时的贪婪，一定会导致重大的损失。大盘见顶后，必然会快速下跌，个股也会随之下跌。此时，千万不要有侥幸和贪婪之心，认为自己的股票不会跌，如果存在这种心理，那是十分危险的。2007 年 10 月 16 日，上证大盘涨到 6124 点，大盘出现了见顶信号。此时，应该把自己手中的股票卖光才是正确的选择。但有些人，手中的股票确实在涨，没有及时卖出。过了一两日，手中股票大幅下跌时，本应该坚决卖出，但他们却认为前期赚钱都没卖出，现在被套住了，赔钱就更舍不得卖了。所以，他们会一直在死扛，并没有卖出股票，结果被越套越深，直到把本金基本赔完。这是多么沉痛的教训。

5. 不死按技术指标炒股

股市中有一种人，死按技术指标操作，见到三金叉就买，见到三死叉就卖；见到 MACD 金叉就买，见到 MACD 死叉就卖。实际上他们把股票操作看作简单的机械运动了。其实，这种认识是相当片面和危险的。应该说，有的股，见到三金叉买，可能涨；有的股，见到三金叉买，可能就不涨，反而会跌。有的股，见到 MACD 金叉买，可能就涨；有的股，见到 MACD 金钗买，可能就跌。其实，股票的涨跌，往往是由庄家控制的，他拉哪只股，哪只股就涨；他打压哪只股，哪只股就跌。

后　记

投资如同登泰山

股市中，散户既要重视投资结果，也要珍惜投资过程。要学会快乐投资，学会愉快计算，不要总为投资途中的沟沟坎坎、股价的涨涨跌跌而烦恼。聪明的散户，要放弃追涨杀跌，以及不经深入思考随便买卖股票的行为。要养成周密计算、谨慎操作的习惯。一般的散户要懂得拒绝波段操作、不作短线的必要性。遇到问题，要拿得起，更要放得下，不要为昨天的得失而痛苦，要为今天旭日初升而高兴。财富，该来的自然会来，该走的自然会走，一切要顺其自然。

在股市中，散户想活下来，甚至想活得稍好点，就必须比常人更钻研，更努力。正所谓一分耕耘，一分收获。这就同登泰山，你想登上玉皇顶，就必须经过十八盘、南天门。途中你会遇到九九八十一险，但你一旦登上玉皇顶，你就会享受"会当凌绝顶，一览众山小"的感觉，对一切的艰辛付出、所有的劳累耕耘，你都会感到十分值得。

其实，在股市里无论是谁，拼到最后就是拼的心态，要真正做到任凭股价风浪起，稳坐操盘钓鱼船。崩盘之后心不乱，泰山压顶不畏惧，真正做到心静如水，稳如泰山。只有这样，才算达到了投资的最高境界。不过真正达到这一境界的散户太少了。散户要达到这么高的境界，必须要有宽阔如海的胸怀，要有定力如山的心境，要对股市规律与操作技巧有精深的把握。

祝散户朋友们一路走好！

在本书的撰写中得到了王聪南、刘振华、李强等诸多朋友的帮助，在此表示衷心的感谢，还要特别感谢本书责任编辑师少林副编审，他在百忙之中一字一句地校对本书的文字，并提出了许多很好的建议。

刘俊伟、刘向 2016 年春于北京清华科技园